高考语文

热点作家作品精选

青春的伤，痛过之后
会长出翅膀

清山/著

清心/点评

哈尔滨出版社
H.P.H
HARBIN PUBLISHING HOUSE

清山以淡淡的口吻，平实的笔调，向读者讲述了一个个直抵心灵的故事。生活中磨难是难免的，有梦想的人才能不畏艰险，一路向前。清山的作品是青年成长路上的加油站，值得一读。

——付江（《青年文摘》彩版副主编）

心态决定命运，励志照亮人生，滋养青少年心灵的枕边书。

——杜从敏（高三语文教师）

作为编辑，我读过清山许多短文，真实、真切、真挚，令人感慨、感伤、感动。

——许之贤（《意林》杂志编辑）

清山文如其名，文章中透着挺拔的隽秀，蕴含着浓郁的深情。

——程明（《启迪与智慧》杂志社）

在《读者》、《意林》等刊物中，我经常看到清山老师的文章，他的文字朴实无华，却生动有趣，是我喜欢的那种。

——赵倚澜（山东郯城第一中学高二学生）

让青春不再迷惘

清　心

　　与清山是在网上相识的，至今未曾谋面。但彼此感觉像是相处了几十年的老朋友。他朴实无华的文笔和创作的责任心，让我一直很赞赏。我知道，清山近几年来，一直想写一本纯粹的适合青少年阅读的文集，与中学生一起分享人生中的迷惘、失意与欢愉，这本书的出版让他终于有了与中学生神交的机会。

　　《青春的伤，痛过之后会长出翅膀》是一部心灵导航之作。从书名就可以看出来，该书充满了励志的风格。但如果仅仅以为它是一部充满正能量的励志书，显然是不全面的。本书所选文章，皆短小精悍，比较适合学业繁重的中学生在课余阅读。中学生的成长一直是社会探讨和关注的焦点，青少年正处于人生的第一个十字路口，自卑而又叛逆，本书对于青少年的心灵成长具有较好的滋养作用。像本书的首篇《排队的鳄鱼》，一经在《读者》原创版上刊发，引起了众多读者的共鸣。

　　《青春的伤，痛过之后会长出翅膀》是一部为中学生指点迷津之作。人生的意义与学习的目的一直是令每一个中学生都感到困惑的问题。怎样活？如何活？许多人也一直在尝试用自己的理解，去解答这一话题。清山对人生意义的理解，就是去实现心中的梦想！每个人都会对未来的理想生活有一个勾画，高考的确不是我们生活的全部，但它是多数人实现人生梦想的一个台阶！经过了这个台阶，那个悬挂着梦想的苹果就离你近了一些。足球场上有一句经典格言：当你不知道把球踢向哪里的时候，你就尽可能地向对方的球门踢。那个球门，其实就是我们的梦想！当一名学生无所适从的时候，你就把精力投入功课中，那样等于离梦想又近了一步。本书中《分享一条河流》等篇，会让读者对人生的意义有一个全新的理解与认识。书中向读者讲述了一个个震撼心灵的故事，生活是充满磨难的，又是万分美好的，作者希望，每一名中学生能为了实现自己心中的梦想，加倍努力！

《青春的伤，痛过之后会长出翅膀》不仅可以启迪青少年的心智成长，而且对提高中学生的写作水平具有良好的促进作用。阅读水平高的人，不一定写作水平就高；写作水平高的人，阅读水平一定不会低。多看好书，肯定会受益终身；诵读美文，能够修身养性，提高我们的写作水平。本书选文皆摘自近年来作者在《读者》《意林》《格言》等刊物发表的作品，作品文风朴实、语句清新、平中见奇，充满积极向上的力量。学生通过阅读此类的文章，可以对写作的构思、结构和表达有一个更加清晰的认识。

我推荐同学们有机会能读一读清山的新书《青春的伤，痛过之后会长出翅膀》，它称不上是经典，但每一个字都是滚烫的，充满了对生命的热爱与渴望；它可能不是字字珠玑，但可以帮助你驱散头顶的雾霾，让你的心灵豁达敞亮，充满了阳光！

2015年10月18日

（清心，本名王旭。河北怀来人。河北省作家协会会员，《读者》等畅销期刊签约作家。）

别忘记你的梦想

这些年来，我一直坚持体裁、风格多样的作品创作，励志类的短篇作品，我写得比较多，受到了广大中学生的喜爱。之所以投入比较多的精力来创作励志类作品，源于一个普通作者的责任心。当前，中小学生的学业压力比较大，"素质教育"、"全面发展"的口号喊得一直比较响，但雷声大、雨点小，最终还是"分数第一"占了上风。所以中小学生减负的结果是，作业越来越多、书包越来越重、眉头越来越紧、心理压力越来越大。由此出现了一些诸如逃学、厌学、抑郁等令大人痛心的问题。励志类的作品，可以在心灵成长方面对学生有所帮助，但要还孩子一个愉快的童年，更需要全社会从上到下反思教育中出现的一些亟待解决的问题。

我本人的成长过程很普通，不传奇。但不可避免地在身心成长过程中会遇到许多挫折和问题。学生时代，我只是一个爱胡思乱想的中等生，喜欢踢足球、打乒乓球。我在中学时代语文一直比较好，中学语文课本里一些学生读都读不顺溜的文言文，我都能正背如流。但我的其他功课很一般，所以当我在课堂上告诉老师，我长大的理想是"当一名作家"时，班里响起哄堂大笑声，班主任，也就是我的语文老师，用很不屑的语气说了一句"做梦"！有时候，一句话像一块大石头能压得人好几年抬不起头。直到我的一篇文章在校报上发表，心上的这块石头才被我甩到了身后。因为我感觉自己离梦想近了一步。进入社会后，我曾经两次参加公务员考试，第一次，通过了笔试、面试，但在体检时，因为一项指标差一点——我怎么也想不到，自己竟然会因为这个微不足道、值得商榷的规定，被淘汰出局。这次打击对我伤害很大，对社会公正产生了深深的怀疑，一度心灰意懒，感觉自己是这个社会上最可怜的人。第二次，我通过了笔试，但在面试后，再次以微弱的差距败北。在我最郁闷、最迷惘的时候，家人劝我拿起久违的笔。在我最擅长的领域，我很快开辟了属于自己的一片新天地。文章陆续在国内各大报刊发表，并成为教育部特聘的文学专家，并先后与《读者》等十余家知名刊物、出版社签约，先后出版了多部散文集，发表了300余万字的作品，作品多次获奖。

这部新书《青春的伤，痛过之后会长出翅膀》，是我送给广大中学生的礼物。我希望它能成为你们的枕边书，引起你们的共鸣，得到你们的喜爱。

经常有学生向我咨询：如何提高写作水平？怎样才能写出独一无二的作品？在这里，我作以解答。我对写作的理解，有一句话与同学们共勉：用自己的眼睛去观察，用自己的大脑去思考，用自己的语言去表达。那样，你就会创作出与众不同的作品。

第1辑
分享一条河流

鲑鱼群壮烈无比的生命旅程，像极了人的一生。它们是真正的勇士，鲑鱼群用坚定的信念作为支撑，凭借无与伦比的勇气和执着努力冲破了自然界的艰难险阻和天敌的围追堵截，完成了看似不可能完成的任务。

第2辑
天使的翅膀

决赛的时候，面对诸多评委和观众，李杰一度非常紧张，害怕自己"旧病复发"，说话结巴。但深深吸了一口气，缓缓吐了出来，刹那间，他想起了语文老师的话：请大声说话！

第**3**辑

一生都在奔跑

阿赫瓦里和雷德蒙德都没有在奥运会上夺取过任何奖牌，但他们所表现出的奥运精神远比奖牌更熠熠生辉。如今的阿赫瓦里生活在一个小村庄里，村里没有电视和电话，有人问他对自己的生活是否满意。他这样回答："我对生活毫无怨言，因为我永远在奔跑。"

第**4**辑
比赛是五个人的

人生不如意事十之八九，要多看好的一面，每天在生活中尝试发现一点美，那么常年积攒下来，一生该有多么美好；而每天都生活在怨怼中，累积起来，一生都生活在抱怨中。

第**5**辑

没有翅膀也可以飞翔

打牌真的很像经营人生。谁的运气都不会永远好，只抓好牌，不抓孬牌；谁的运气也不会永远差，只抓孬牌，不抓好牌。我们看到周围有太多抓到所谓"好牌"的人，把人生搞得一团糟；而一些抓到"孬牌"的人，用坚强、智慧和冷静同样获得了绚烂多彩、令人瞠目结舌的成功!

第**1**辑
分享一条河流

　　鲑鱼群壮烈无比的生命旅程，像极了人的一生。它们是真正的勇士，鲑鱼群用坚定的信念作为支撑，凭借无与伦比的勇气和执着努力冲破了自然界的艰难险阻和天敌的围追堵截，完成了看似不可能完成的任务。

排队的鳄鱼

作家心语：互助行为，动物能够做到，我们人类应该能够做得更好。

　　摄影师在拍摄鳄鱼捕杀斑马的过程中，发现了一个意外而又有趣的现象：鳄鱼群通过围捕，成功猎杀了一匹斑马后，一向以冷血、凶残著称的鳄鱼们并不是一拥而上，为了争抢食物大打出手，而是耐心地温文尔雅地排起了队伍，依次进食。摄影师在进一步的观察过程中发现，由于鳄鱼长着圆柱一样的牙齿，不能咀嚼。所以一只鳄鱼在享用大型猎物时，需要同伴用嘴巴固定住猎物，然后这只鳄鱼咬住猎物在水中快速旋转身体，才能将猎物的肉撕扯下来，解决"吃饭"的问题。没有同伴的帮助，鳄鱼群拿那些摆在自己面前的"大餐"毫无办法，只能饿肚子。

　　鳄鱼的历史比恐龙还要长久，可以这样说，它们的互助行为，也是这种古代爬行动物在今天还没有消失，甚至日益昌盛的重要因素。事实上，现存的大部分动物都具有不同方式的相互关照行为。例如，工蜂很少繁殖，将繁殖后代的特权交给蜂王；南美吸血蝠会将自己夜里吸到的血液反吐给其他没有吸到血的同伴；非洲的猕猴，发现入侵者会警告同伴，尽管它的叫声有可能会引起入侵者的注意，使自己面临被伤害的危险；有些鼹鼠会卖力地挖掘复杂的地道，以供所有同伴使用。放眼自然界，缺少协作精神的动物群体在当今几乎是不存在的。

　　由此看来，无私的帮助有助于改善个体在群体或社会中的利益，做出有利于他人的行为更是一种自利行为。一个愿意为了大家的利益而放弃个体利益的群体，将比一个完全自私自利的群体拥有更多生存的机会。很多时候，我们习惯了冷漠，即使帮助别人也不愿全力以赴，如果我们能够联系自身的需要，对别人的处境感同身受，我们就不会吝惜在别人需要的时候伸出援助之手！

点　评

　　鳄鱼竟然能够排队？听起来匪夷所思，这不是人类的行为吗？进入文中才恍然大悟。原来作者的主旨是在称赞动物们的互助行为。动物间的互助，让人类感到脸红震惊。我们人类从什么时候开始把这种互助行为淡忘了？本文标题新颖，语言生动，不但对考生写作有启发，而且对如何"做人"也有所启示。

让对手为你服务

在非洲大陆，处于食物链顶端的狮子和鳄鱼是一对死敌。狮子是陆地上的王者，而鳄鱼是河流中的霸主。一旦狮子进入河流，或是鳄鱼爬上岸，就会遭到对方的无情攻击。它们由于鲜有对手，所以都把对方视为最危险的敌人，双方看起来不共戴天、势不两立。

一日，一头饥肠辘辘的母狮发现了一头正在专心咀嚼树叶的长颈鹿。狮子一般很少攻击长颈鹿，除非在食物极度短缺的情况下，因为长颈鹿坚硬无比的蹄子可以踢碎狮子的头盖骨。但这头母狮显然饿坏了，它不顾生命危险，匍匐前进到长颈鹿附近，突然向目标发起攻击。

受惊的长颈鹿慌不择路，跑进附近一条浅而宽阔的河流中。但长颈鹿的运气并不好，它遭到了鳄鱼的阻击。由于水底湿滑，体形庞大的长颈鹿慌乱中重重地跌倒在水里。它挣扎着想站起来，但受伤的腿显然无法支撑笨重的躯体重新站立，它无奈地静卧在水里，喘着粗气。

母狮返身去呼朋引伴来一起分享这难得的大餐。令人惊奇的是，鳄鱼静静观望着，它并未抢在狮子前享用唾手可得的美味。

狮子们涉入水中，鳄鱼并没像以往那样发动攻击，而是等几头狮子吃饱喝足，心满意足地离去后，才惬意地品尝鲜嫩的长颈鹿肉。

鳄鱼帮助狮子阻断了长颈鹿的去路，却没在自己的领地把长颈鹿据为己有，因为它清楚地知道它的牙齿无法咬开长颈鹿的厚皮，只有利用狮子锋利的牙齿才能轻松达到目的。

点 评

　　这是一篇哲思短文，狮子和鳄鱼原本是对手，但在共同的利益面前，敌我双方最后竟然变成了紧密合作的朋友。本文先叙述狮子和鳄鱼是不共戴天的仇人，作为后文的烘托和铺垫，然后在文章的结尾处话锋一转，起到了画龙点睛的作用。

分享一条河流

作家心语：自私的人是可耻的，学会了分享也就学会了生存。

鳄鱼是澳大利亚最古老的动物之一，在澳大利亚北部生活着两种鳄鱼：一种是淡水鳄，一种是咸水鳄。

淡水鳄体长两至三米，居住在淡水河流、湖泊、小溪中，主要捕食鱼类、青蛙、蜥蜴、龙虾、昆虫等。淡水鳄性情温顺，对人类没有什么威胁，在它们活动的水域中，人类也可以去游泳，虽然淡水鳄也拥有尖锐的牙齿，但它们从来不会去主动攻击人类。

咸水鳄也叫湾鳄，长相类似圆木，体长可达九米。咸水鳄大都生活在海水或流向海洋的河流里，澳大利亚的南鳄鱼河是地球上鳄鱼最密集的河流之一，而这里的咸水鳄也是世界上最富攻击性、最危险的鳄鱼种类。咸水鳄性情暴躁而又凶残，一旦有误入其领地者，它们就会像潜水艇一样悄无声息地接近猎物，然后迅速跃起，发动致命攻击。对于嗜血成性、面目狰狞的咸水鳄，人类都会退避三舍、敬而远之。而误入人类活动水域的咸水鳄大多则会被捕鳄专家猎杀。

共享一条河流的胸怀，让淡水鳄成为了人类的朋友，受到了大家的喜爱；不共戴天的狭隘秉性，让咸水鳄遭到了孤立，并常常成为被杀戮和攻击的目标。由此可见，与人为善、乐于分享的精神是一种生存智慧，在给别人带来快意心情的同时，也可以愉悦、温暖自己的心灵。

点 评

在很小的时候，就听过《孔融让梨》的故事。当今社会，霸道自私的人非常多，就像咸水鳄一样，自然也会受到大家的讨厌。而那些心胸宽广，愿意和大家和平共处的人，会受到大家的广泛欢迎。本文最大的亮点是，寓教于文，而且读起来毫无说教之感。

缘木可求鱼

作家心语：思路决定出路。

生物学家最近在中美洲国家伯利兹和美国佛罗里达州的一些沼泽地区发现了一种怪鱼。这种鱼属于鳉鱼的一种，体形娇小可爱，身长只有5厘米左右，体重约100毫克，但它们离开水面后仍能生活数月。

沼泽地缺水接近干涸时，这种鱼会用身体拍打水面，借助反弹力纵身跃上枝头安家。这些"攀高枝"的鳉鱼离开水面后，鱼鳃会摇身一变成为保存水分和营养物质的器官，皮肤则把含氮排泄物排出体外。在树上生活期间，鳉鱼们仿佛豆荚中的豆粒一样首尾相连，排列整齐，相安无事地住在被虫子蚕食后形成的中空枝干内。重新回到水中生活时，这种鱼的身体器官功能再次转换回来，来适应水中的生活。

缘木求鱼比喻做事情方向、方法不对，一定达不到目的。但这种鳉鱼的事例证明，只有想不到的事，没有做不到的事。大千世界的奇妙常常令我们匪夷所思、瞠目结舌。抱着已有的知识、固守常规的思维会令我们在解决棘手的问题时，处境尴尬、进退维谷，类似"缘木求鱼"、"水中取火"的奇思妙想，却会遭到周围人的耻笑。但事实证明，水中可以取火（可燃冰），树上也未必没有鱼。每一个人的思想，哪怕是幻想，也应该得到他人的充分理解和尊重。

点 评

鱼住在树上，听起来让人难以置信，但大千世界无奇不有，这样的怪事，在现实世界中就有活生生的事例。许多考生在写作文的时候，都流于泛泛之作，不敢大胆设想，一味求稳，但这正是写作的大忌。如果按照固定的思维模式，谁能想到树上有鱼、水中有火呢？

游回出生地

作家心语： 努力了未必成功，不努力一定没有成功的机会。

每年九月，世界上最大的大洋——太平洋中的鲑鱼群便开始了返乡之旅。这些成年鲑鱼数以亿计，队伍庞大得令人咋舌。这样的一支庞大队伍在未来几个月漫长的旅途中，等待它们的将是千重磨难和腥风血雨，并将会有许多同伴因此丧失生命。

此时，在阿拉斯加的陆地上，鲑鱼的天敌——灰熊尚在冬眠，白头海雕到温暖的地方过冬去了。一切都显得那么宁静与和谐。连杀机好像也被冻住了！

而在海洋中的鲑鱼群正遭受第一次杀戮和阻击。由于鲑鱼群目标过大，它们引来了鲨鱼的攻击。犹如羊入虎口，众多的鲑鱼成为鲨鱼的盘中餐。

躲过一劫的鲑鱼一如既往地向前游，一刻也不停歇。鲑鱼的嗅觉和方向感令人惊叹，在茫茫的大海中，它们能够准确找到属于自己的河流出生地。也正是由于目标明确而又一致，长途奔袭的鲑鱼群才能做到不畏险阻、前仆后继……

冬去春来，阿拉斯加饥肠辘辘的灰熊带着嗷嗷待哺的幼熊来到河岸边，满怀期待地盼望着鲑鱼群的到来；从远方飞回来的白头海雕开始在河边的树上筑巢，繁育后代，白头海雕焦急地望着依旧平静的水面，仰天长啸！鲑鱼群的到来与否将决定着幼鸟的生死未来。

　　像是赴死的约会，浩浩荡荡的鲑鱼群进入河川，溯流而上，如约而至！河流的丰盈程度直接决定了鲑鱼的伤亡程度。水深的地方，鲑鱼群凭借着灵活的游动可以有效躲避灰熊和白头海雕的攻击。水浅的地方，它们的大半个身体会暴露出水面，只能通过快速游动的惯性和身体的剧烈扭动，忍受着身体下部与河底沙石的摩擦带来的剧痛，"扑扑棱棱"地拼命前行，才能摆脱浅水区。而此时正是鲑鱼群敌人最好的攻击时机！白头海雕兴奋地腾空而起，扑向水面，享用这取之不尽，用之不竭的美食；灰熊群也蜂拥而至，大快朵颐。顷刻之间，河水被染红了……

　　侥幸逃生的鲑鱼继续执着勇猛地向前游。此时，不再进食的鲑鱼体内脂肪已经耗尽，只能开始消耗内脏和肌肉来维持体力。而行程中最大的险阻——瀑布正横亘在它们面前，鲑鱼群必须飞跃过瀑布才能回到出生地。

　　世界上最大的灰熊群早已在瀑布上游一字排开，等待着即将送上嘴来的美食。鲑鱼一生中最壮丽的演出拉开了序幕！鲑鱼们用尽体内最后的能量不断地飞跃、飞跃……而灰熊们以逸待劳，张开血盆大口吞吃着应接不暇的美味。许多历经险阻，没有被激流冲散、浅水阻隔、天敌猎杀的鲑鱼此时成了灰熊的腹中之物。它们在灰熊的大嘴中无奈地拼命挣扎，眼睛里写满了遗憾……

　　而另外一些鲑鱼则幸运地冲破了灰熊的封锁，成功跃过了瀑布。由于耗尽了体力，跃过瀑布的鲑鱼要休息三小时才能继续前行。狡猾的白头海雕乘人之危、落井下石，对疲惫的鲑鱼群再次发动攻击……

　　三小时后，幸存下来的鲑鱼群继续义无反顾地前游。跃过瀑布的鲑鱼群仿佛跃过龙门的鲤鱼，身体发生了巨大的变化，头部变成绿色，身体变成了红色，如同穿上了一件锦衣。

　　历经腥风血雨的鲑鱼群终于到达了出生地。它们开始产卵。产卵后的鲑鱼由于体能耗尽，等待它们的将是死亡……

死去的鲑鱼身体下面的河底，不久就会有小鲑鱼游出来。小鲑鱼会再次结伴顺着河流的流向游向大海，它们会在大海中长大，那里才是它们生长的乐园……

鲑鱼群壮烈无比的生命旅程，像极了人的一生。它们是真正的勇士，鲑鱼群用坚定的信念作为支撑，凭借无与伦比的勇气和执着努力冲破了自然界的艰难险阻和天敌的围追堵截，完成了看似不可能完成的任务。它们看似是弱者，但却奏出了强者之音，它们看似是侥幸成功，但没有人敢说它们幸运。它们用自己的壮举为人类战胜种种挫折与磨难树立了榜样！

点 评

在大家的印象中，鲑鱼只是餐桌上的一道美味。当看完这篇文章后，我对鲑鱼肃然起敬。鲑鱼洄游是自然界中的一首史诗。其实，生活中，我们每个人都像鲑鱼一样，要面对许多的磨难。本文行文流畅，情节跌宕起伏，在语言和叙述方面，值得学生们借鉴和学习。

互助的缟獴

作家心语：关爱能让这个世界变得更加温馨与美好。

在非洲东南部的自然保护区，生活着一种名叫缟獴的小型哺乳动物，它体型娇小似猫，周围大型肉食动物几乎都是它的天敌。但它却在不幸命运的夹缝中奇迹般顽强地生存下来。

缟獴是群居动物，集体的力量让本来个体警惕性极高的缟獴如虎添翼，更容易发现不怀好意的攻击者。每年的雨季，小缟獴出生，并很快能跟上族群活动，但这一次出生的一只缟獴，体形瘦小，爬出洞穴后仍没有睁开眼睛。在危机四伏的非洲草原，这样脆弱的生命几乎可以注定它夭折的命运。但缟獴和其他动物不同，即使在极度危险的环境中，它们也不会放弃对崽儿的救助。每有天敌袭来，警报拉响，总有一只缟獴奋不顾身地护送引领着这只不知所措的小缟獴逃离险境。雄鹰俯冲下来，缟獴群会发出齐声呼叫，向这只可怜的小缟獴发出逃离的指令，小缟獴幸运地钻到了草丛里，逃过了一劫。豹子发现了这只没有睁开眼睛的小缟獴，它悄悄向浑然不知的小缟獴逼近。在这千钧一发的时刻，一只成年缟獴冲了过来，挡住了豹子的去路。豹子面对敢于向自己叫板的缟獴不由一愣，但随即向这只转身逃跑的缟獴猛扑过去。一番追逐后，豹子杀死了这个舍己救人的英雄，而那只小缟獴得救了。苦尽甘来，值得庆幸的是，不久，那只小缟獴终于睁开了眼睛，以前经常得到大家照顾的这只缟獴迅速加入这个互助团队中，去帮助更需要帮助的同类。

看起来弱小、不堪一击的缟獴能在弱肉强食、腥风血雨的非洲草原生存下来本身就是一个奇迹。奇迹的造就归结于缟獴的团结互助、不怕牺牲的精神。在灾害来临的时候，让我们去全身心地无私地帮助身边需要帮助的人吧，因为关爱能够创造令人意想不到的生命奇迹，人类需要这样荡气回肠、浸润身心的温情。

点　评

当今社会，独生子女居多。在万千宠爱中长大的孩子，缺少的往往是团结互助的精神。本文中的小缟獴是可怜的，出生后，没能很快睁开眼睛，值得庆幸的是，它生长在一个有爱的大家庭里。写作是要有所表达的，考生们在写作文和做阅读理解题的过程中，要尽量突出爱和成长的主题，做到言之有物。

底线

作家心语：无视对方的底线，就是在挑战对方的尊严。

有这样一个问题，在非洲草原上对人类产生最致命威胁的动物是哪一种？大多数人的回答会是狮子，因为狮子凶残暴戾，力大无比，人类在草原上如果遇到它，肯定是凶多吉少；也有人回答是鬣狗，因为鬣狗阴险狡诈、声名狼藉，关于鬣狗同类相残等传说令人不寒而栗……

而熟悉非洲草原各种动物习性的人们说出来的答案会让你大吃一惊。他们认为在非洲草原，草食动物对人类生命的威胁最大，最令人恐怖的动物是外表憨厚、温顺的河马和大象。

这是因为河马和大象同人类一样喜欢生活在靠近水源的地方，一旦河马和大象认为人类侵犯了它们的领域，就会肆无忌惮地攻击人类。而肉食动物的活动区域在人迹罕至的草原深处，即使和人类不期而遇，一般都会选择躲避，因为人类有猎杀猛兽的历史和习惯，肉食动物由此产生了畏惧心理。除非你把它们逼上绝路，否则它们一般不会主动攻击人类。动物学家曾有过用一卷卫生纸吓退雄狮的真实经历。

一次，摄影师在水中拍摄两只公河马为争夺领地而大打出手的场面，结果惹怒了其中的一只河马，河马张开了它的巨嘴一口咬住了这位摄影师的腿。河岸边的人看到河马像一条狗咬着一只拖鞋那样把摄影师甩来甩去，最后这位摄影师侥幸死里逃生。医生在为他救治时，惊恐地发现他腿上被河马咬过的地方可以插进一个啤酒瓶。这次与河马的亲密接触成为这名摄影师最恐怖的经历之一。

实际上，在生活中与人相处也会遭遇类似的问题，不管面前的这个人是谁，都要保持一定的距离与尊重。与坏脾气的人相处，不要与他（她）发生正面冲突，你会发现他（她）的害羞和温柔面；与性格温和的人相交，不要口不择言，外表谦恭的人可能就是一座表面幽静如画的休眠火山，一旦被轻慢的言行引爆，将会产生可怕的后果。

点 评

本文作者表达的主题就是，人生于世界，该如何处世。处世，说白了，就是和人打交道。人与人之间，之所以会产生纠纷与矛盾，多数原因是，一方挑战了另一方的底线。彼此尊重是人与人之间友好相处的不二法门。处世本身就是近年来高考语文阅读理解与作文中，经常侧重的话题，考生对这类文章，应该多阅读、多领会。

致命的翅膀

作家心语：瞧不起别人，其实就是在轻视自己。

在热带雨林中，一只熟透了的浆果落到了地上。浆果落地的位置恰是黄猄蚁的领地。在黄猄蚁蠢蠢欲动，呼朋引伴，急于享受天上掉下来的"馅饼"时，一只巨大的胡蜂也循迹而至，空降到浆果前，想独享这份大餐。胡蜂身材庞大，在热带雨林的昆虫中，几乎没有对手。面对强敌的入侵，黄猄蚁群乱作一团，警报过后，黄猄蚁迅即召集人马，集结成一支队伍，将胡蜂团团围住，队伍前面的黄猄蚁毫无惧色地向凶悍的敌人发动进攻。

面对愤怒的蚁群，胡蜂视若无睹，在胡蜂看来，渺小的蚂蚁此举非常愚蠢，无异于以卵击石、自寻死路。果不其然，冲上来的黄猄蚁都被胡蜂用坚硬的牙齿咬成两截。但黄猄蚁仍然没有退缩，前仆后继地向胡蜂冲来，胡蜂扇动着翅膀，快速地转圈，轻易就化解了蚁群的进攻。这是一场力量悬殊的不对称的惨烈战争，胡蜂毫发无损，而黄猄蚁尸横遍野。在这样的态势下，蚁群仍旧毫不退让，向胡蜂进攻。此时，一场大雨突然而至，阻止了双方的争战。蚁群躲到了穴中，胡蜂也飞走了，躲到一片树叶下避雨。

雨停后，原以为敌人不会再犯，但贪婪的胡蜂仍旧使劲振动翅膀飞来强占浆果。黄猄蚁也迅速再次集结向胡蜂发动潮水般的攻势。这一次胜利的天平倾向于弱小的蚂蚁。由于胡蜂的翅膀沾上了雨水，这使得它的身体变得笨重，转动起来非常困难，原来引以为豪的翅膀此刻却成为了它的累赘。

　　蚁群乘机咬住了胡蜂的腿和躯干，然后纷纷向这些伤口处喷洒蚁酸，以此麻醉敌人。不久，强大的胡蜂就动弹不得，成为了蚂蚁的美餐。

　　胡蜂的经历告诉我们：肆无忌惮地欺凌弱小者，不仅会遭到道义上的谴责，最终也会令自己举步维艰、身陷囹圄。

★ 点 评

　　本篇文章读起来很有趣味性，胡蜂在昆虫界非常强大，几乎没有对手，想欺负谁就欺负谁。而面对强敌入侵的黄猄蚁，它们虽然弱小，但并没有束手就擒。它们与胡蜂展开了殊死搏斗，并最终战胜了强敌。本文采用对比的手法，列举了胡蜂的强大和黄猄蚁的弱小，从而突出了黄猄蚁团结一心、不畏强敌的战斗精神。

狒狒的报复

作家心语：在自然界中，没有永远的强者。

鲨鱼在海边游动，与在海岸的礁石上寻找扇贝的狒狒相遇了。她有心吃掉狒狒，但狒狒在岸上，她没有能力到礁石上去抓住狒狒。

眼看着吃完扇贝的狒狒即将离去，饥肠辘辘的鲨鱼急中生智："喂！伙计，海里有更多新鲜的扇贝，我可以帮助你捕获到更多好吃的东西。"

美味的诱惑让一向聪明的狒狒变得愚蠢。狒狒对鲨鱼的话信以为真，高举着双臂，深一脚浅一脚地来到了海水中。

急不可待的鲨鱼乘机冲了上去，一口咬住了狒狒的一条后腿。痛得龇牙咧嘴的狒狒对鲨鱼的头部又抓又挠，由于鲨鱼在浅水区不像在深海中那么灵活，费尽心机到嘴的猎物又挣脱掉了。逃到了岸上的狒狒冲鲨鱼吼道："你要为此付出代价。"鲨鱼不屑地笑了："你既不会游泳，块头也没我大，你能拿我怎么办？"

不久，这头鲨鱼产卵了，她把卵产在海藻里。狂风巨浪中，这些海藻被冲到了浅海区，海水退潮后，海藻搁浅在岸上。此刻，狒狒赶来了，他凭借超强的耐心和智慧，终于找到了掩藏在海藻里的鲨鱼卵。

在海中的鲨鱼眼睁睁地看着狒狒吃掉了自己的孩子，悲痛欲绝。是啊，弱小不会游泳的猴类竟然能够吃掉海洋霸主的孩子，这是她做梦都没有想到的。

点 评

这是一篇寓言故事。鲨鱼使用奸计，咬伤了狒狒。狒狒声称要报复鲨鱼。对于不会在水中游泳的狒狒来说，这可以说是不可能完成的任务。不但鲨鱼这样想，连我们读者也这样想。但故事的结果是，狒狒吃掉了掩藏在海藻里的鲨鱼卵。出人意料的结局，读来令人掩卷长思。作为考生在提笔著文时，一定要先想好文章的布局。

示弱的鬣狗

作家心语：适当地示弱是一种非凡的智慧。

草原上，转角牛羚和瞪羚正在寻觅着营养丰富的嫩草。一只鬣狗鬼鬼祟祟地走了过来。如果换作外表威猛、身体剽悍的狮子和猎豹，这些草食动物早已吓得闻风而逃了。但鬣狗其貌不扬的样子实在难以引起它们的重视和注意，更让它们不屑的是，这只鬣狗低着脑袋，夹着尾巴，紧缩着身体，步履缓慢，形象猥琐，摆出一副可怜兮兮、俯首帖耳的样子。这些身体健壮、奔跑跳跃力出色的牛羚和瞪羚任由鬣狗在它们的身边走来走去，不时发出一阵轻蔑的笑声。笑声中，这只鬣狗突然面露狰狞之色，一个加速跳起咬住牛羚的后腿，强壮的牛羚不甘心束手就擒，拼命挣扎，但鬣狗强有力的脖颈使它具有像老虎钳一样的咬合力，牛羚做梦也想不到，在动物界也只有鬣狗能承受住如此巨大的扭曲力量。不一会儿，这只牛羚已奄奄一息。几天后，这只鬣狗又故技重演，成功捕获了一只瞪羚。

鬣狗的示弱不但可以麻痹猎物，提高狩猎的成功率，同时也为它赢得了朋友。秃鹫经常引导鬣狗找到食物，作为鬣狗，它不会像狮子一样赶走秃鹫，而是与秃鹫一起分享大餐。同时还会主动为秃鹫提供富含钙质的骨头碎片，帮助秃鹫生产硬壳蛋，繁育强壮的后代。

牛羚、瞪羚和秃鹫都不会想到，外表具有欺骗性的鬣狗是非洲大陆除了狮子以外，最强悍的掠食动物，它具有世界上最坚硬的上下颌，在1平方厘米的面积上可以施加800千克的巨大力量，甚至可以咬碎大象的骨头。实际上鬣狗常常和狮子争斗，它们坚强的战斗力令单个的狮子也避之唯恐不及。

强大如鬣狗竟然会在牛羚、瞪羚和秃鹫面前示弱，看起来不可思议，无异于强者在自毁形象。但得到的结果是，鬣狗的捕食成功率远在其他肉食动物之上，由此也换来种族的繁衍昌盛。鬣狗的故事告诉我们，有时候，过分地恃强逞强，实际上增加了自己成功的难度；而适当地示弱，是一种生存智慧，对于最终的成功，常常起到事半功倍的效果。

点 评

鬣狗向它的猎物示弱，这是许多人都想不到的，但现实情况证明，它的主动示弱麻痹了对手，让猎物丧失了应有的警惕性。考生在写作文的时候，往往用力过猛。越想写好，往往却词不达意。本文的优点就是采用了先抑后扬的写法，开始只是娓娓道来，吸引着读者继续向下读，把高潮留在了结尾处。

经验到底有多重要?

作家心语：经验不是成功的决定因素。

非洲狮主要生活在撒哈拉沙漠以南的草原上，漫长的旱季中，许多身体轻盈的草食动物都远走他乡寻找水源和食物。这让体格不适合迁徙的非洲狮饥不择食，只能冒险将一些留守的体形庞大的草食动物作为攻击目标。

它们首先选择了斑马。一只刚刚成年的狮子对斑马紧追不舍。眼看就要得手，但这时斑马突然扬起后蹄，向后猛地一踢，一下子将身后的狮子踢得人仰马翻。斑马的蹄子非常坚硬，可以将狮子踢成重伤。而另一只成年母狮则采取迂回战术，从斑马侧面掠过，然后腾空一跃，狠狠地咬住斑马的喉咙，成功地捕杀了斑马。这是经验的胜利。

狮群偶尔也会向身强体壮的野牛发动攻击。它们选中的目标是野牛群中的老弱病残者。狮子知道野牛的厉害，一开始并不敢轻举妄动，只是不紧不慢地跟随在野牛群后面。本来力量对比占优的野牛群开始发生了骚动，野牛开始奔跑起来。这给狮群提供了机会。一头年老体衰的野牛落在了后面。狮群一拥而上，费尽周折后，这头庞然大物终于在狮子的轮番攻击下訇然倒地。按照以往的经验，野牛群一般不会救援掉队的伙伴，对于狮子来说此时已经不会再有任何危险。几只身体强壮的成年雄狮准备分享奄奄一息的猎物。但危险刹那间降临了。这一次，野牛群一反常态，返回寻找掉队的伙伴。目睹同伴被狮群围攻，愤怒的野牛群用锋利的犄角作为武器向猝不及防的狮子发动了致命攻击。

转眼间，几头雄狮皆毙命于牛角之下。

狮子的经历告诉我们，经验是一把双刃剑，漠视经验，一味蛮干，结果只能是两手空空；而过分地依赖经验，则有可能遭遇到毁灭性的打击！

点 评

本文叙述的故事，读起来惊心动魄。在非洲草原，没有捕猎经验的狮子，一般很难捕获到猎物。但过度依靠经验，也让狮子们付出了生命的代价。本文的新奇之处在于，反其道而行之，这样的叙事方式，也是许多考生所欠缺的。

杜鹃和芦苇莺

作家心语：是非不分，其实就是在助纣为虐。

芦苇莺要做妈妈了，她在巢中产下了三枚卵。

在孵化的过程中，芦苇莺需要出去寻找食物，填饱肚子，以保持足够的体力。就在芦苇莺外出觅食的空儿，早就对芦苇莺虎视眈眈的杜鹃飞了过来，入侵者迅速吃掉了一枚芦苇莺的卵，然后把自己的卵产在了芦苇莺的巢中。之后，杜鹃装作没事人似的，拍拍屁股走人了！

重新回到巢中的芦苇莺对刚才发生的血腥事件和"狸猫换太子"的卑鄙勾当浑然不知，因为杜鹃的卵和她产下的卵表面看起来非常相似，几乎没有什么不同。芦苇莺继续孵化着巢中的三枚卵，心中充满了幸福的期待……

芦苇莺和杜鹃的幼鸟相继破壳而出。看着明显比自己的孩子体形大许多的杜鹃幼鸟，芦苇莺感到非常困惑，但看着嗷嗷待哺的小杜鹃，芦苇莺慈悲心大发，勉强接受了这个别人的孩子。

小杜鹃的饭量很大，芦苇莺虽然辛苦觅食，仍然难以填饱小杜鹃的肚子，芦苇莺不得不增加外出觅食的次数。

有一次，趁着芦苇莺外出觅食，为了独自享用芦苇莺带回来的食物，小杜鹃残忍地把两只小芦苇莺推到了巢外……

觅食归来的芦苇莺看到自己的两个孩子在树下摔死了，悲痛欲绝。她心里明白，这一切都是小杜鹃干的。她无心再喂养这只小杜鹃。此时，小杜鹃模仿小芦苇莺的叫声大声鸣叫。芦苇莺再次心软了，把捕获的食物全都填到了小杜鹃的嘴里。

小杜鹃经常"叫饿"，芦苇莺只得更加辛苦地劳作，她把所有的爱都倾注到小杜鹃身上。小杜鹃长得非常快，体重已经远远超过了她的"养母"。

芦苇莺最后一次给小杜鹃喂食，她把头伸到小杜鹃的大嘴里，小杜鹃顺势把芦苇莺一并吞到肚子里。

在这个世界上，坐享其成、忘恩负义、以德报怨的人从来都不会消失，而是非不分、对敌人也怀有一颗慈悲之心的人注定要有一个悲惨的下场。

点 评

如何把心中的故事，写得生动有趣，这是很多考生感到头痛的问题。本文作者为大家做了示范，作者把视角投入鸟类中，以平实的笔调，讲述了一个在鸟类中真实发生的"狸猫换太子"的故事。作为学生，从小就要树立正确的人生观、价值观。芦苇莺的悲惨遭遇，令我们每一个人警醒。

依 附

作家心语：不要把命运依托在别人身上，命运其实掌握在自己手里。

海岛上，一群信天翁飞来准备筑巢、孵卵、哺育后代。

而虱子早已等在那里。它潜伏在石缝或是草丛中，伺机行动。

信天翁从空中落下后，虱子趁这只巨大的海鸟用喙梳理羽毛的空儿，爬到了信天翁怀抱中最温暖的地方，成为了寄居在信天翁身上的"房客"。此后的日子，虱子吃住不愁，饿了就吸食信天翁的血，困了就钻到信天翁紧贴皮肤的柔软的绒毛中睡大觉。

而信天翁对身上入住的这位"房客"浑然不觉，信天翁正忙于繁育后代。幼鸟终于出壳了，接下来，信天翁夫妇要轮流飞到离海岛2500千米远的地方为幼鸟寻找食物，留守的那只信天翁负责看护幼鸟。由于一只信天翁出去寻找食物要长达数天，当它飞回来时，留守的那个信天翁爸爸或妈妈似乎已经和幼鸟产生了深厚的感情，不愿意让这只长途归来的大鸟哺育后代，而幼鸟如果再得不到食物就会饿死。好在信天翁夫妇经过激烈的争执、交涉，最后留守的那只安静下来，走到一边，嗷嗷待哺的幼鸟终于得到了急需的食物。

这样的场景让虱子尽收眼底，它暗自嘲笑信天翁的糊涂，对亲人竟分辨不清，而敌人就驻扎在自己的身上却毫无察觉。

信天翁的幼鸟终于长大了。这位母亲即将带着孩子飞离海岛。而虱子在这段时间里早已吃饱喝足。在信天翁起飞前，虱子已经爬到了石缝里，此后的一年，它将不吃不喝，静候信天翁的再次光顾。

一年后，信天翁再次空降到海岛上，早已饿瘪了肚子的虱子迫不及待地爬到了这只海鸟的身上。虱子暗自庆幸以后的日子将会重复过去的幸福生活。

这只身上寄居着虱子的信天翁在岸上歇息了一会儿，飞到了水面上梳妆洗尘。突然间海水里蹿出一只大白鲨，一口把这只不幸的海鸟吞到肚子里，当然一起葬身鱼腹的还有那只自鸣得意的虱子。

点　评

现在，期待天上掉馅饼的人很多，真正被馅饼砸到脑袋的人不是没有，但少得可怜。虱子就是这样一位投机者，它把自己的命运寄托在信天翁的身上。当靠山倒下时，依附者的日子也到头了。这篇充满人性哲理的文章，很适合当作阅读理解题，考生们要仔细阅读，认真领会故事要表达的思想主题。

想做一只羊

一只山羊做梦都想变成一只鹿。

一天在山坡上吃草，竟幸运地邂逅了一只鹿。

它不由感叹道："我要是能变成一只鹿多好啊！哪怕只做一天，我也就死而无憾了！你看我们吃的都一样是草，只因我长相太大众化，长着胡子，面相老，谁也不愿意多看我一眼；而你因为体态轻盈，行动优雅，就受到了人们的喜爱和瞩目。"

鹿笑着回答道："你羡慕我是一只鹿，我还羡慕你是一只羊呢！你有牧羊人的庇护，生活多么悠闲自在啊！"

"那我们换换吧！"山羊迫不及待地恳求鹿。鹿点头同意了！

成为鹿的山羊刚兴奋地跑进山林，就看到一只凶恶的狼向它扑来。胆战心惊的它慌忙向山下跑去，竟看到猎人正举起猎枪瞄准了它。慌不择路的它匆忙掉转身子钻进了深草丛中，它跑啊跑，直跑得精疲力竭也不敢停下来，它开始四处找寻那只变成羊的鹿，此时，它最大的心愿就是重新变成一只羊。

但那只变成羊的鹿已经找不到了！

点 评

　　愚者放弃近在咫尺的幸福，走上一条艰辛的险路。智者了解彼岸的虚无，珍惜此岸的幸福。当你明白"珍惜所拥有"的时候，你便完成了跨越欲壑的生命"摆渡"。一个哲理"摆渡"一种人生，一篇好的文章，就是一叶小舟。

第2辑
天使的翅膀

　　决赛的时候，面对诸多评委和观众，李杰一度非常紧张，害怕自己"旧病复发"，说话结巴。但深深吸了一口气，缓缓吐了出来，刹那间，他想起了语文老师的话：请大声说话！

弱不禁风的坚强

作家心语：纤弱不代表脆弱，真正的坚强不是通过外表能够看出来的。

第一次在花市里看到铜钱草的时候，纤细的茎上顶着微型荷叶一样的帽子，楚楚可怜的模样，就触动了我柔软的心房。挑了一个精致的小花盆，把铜钱草栽进去，置于办公桌之上，微风吹来，圆圆的仿佛铜钱一样的叶片开始簌簌抖动。娇弱的铜钱草似乎一下子调动了我身体细胞里所有潜伏的爱，我每天为它喷水浇灌，清除枯叶和杂草。铜钱草也没有辜负我的苦心和劳动，它长势旺盛，宛如一支训练有素的仪仗部队，精神抖擞地接受着我的检阅。去年夏季的一天，单位安排我到外地出差。三天后返回单位时，才蓦然想起办公桌上的那盆铜钱草，慌慌张张地开门，看到了一个惨不忍睹的场景，原本翠绿的铜钱草，全都匍匐在花盆边上，低头耷脑的样子，像是被机枪扫射过一般。所幸多数倒下的铜钱草还没有干枯，我急忙取了水来，一股脑儿倒入了花盆中，祈祷它们能够起死回生。两个小时后，奇迹发生了，倒下的铜钱草，除了黄叶的，其他的都重新站立起来，它们好像什么都没有发生过一样，重新开始了在花盆里的舞蹈。这样的结果，令我不由喜出望外。

马菜花，在北方的农家小院和一些校园的花圃里随处可见。它们像铜钱草一样，高不过十厘米，花茎圆滚滚的，呈粉红色，仿佛小孩儿的胳膊。马菜花的叶子，同样圆润光滑，青翠欲滴，形状正如小孩儿的手指。看起来不起眼的马菜花，开出的花儿，最是娇艳，有单瓣的，还有复瓣的，白、黄、红、粉红……五色斑斓，恰似一个小孩儿头顶戴着美丽的花冠。就是这样弱不禁风的小花，种植起来却是最容易的，你只要随手掐上一小段，放在花盆或是菜园里，几天后，它就会绽放出最耀眼的花朵，用迷人的笑容来回报你。马菜花不怕夏日阳光的曝晒，也不惧狂风暴雨的侵袭，它们矮小瘦弱的身躯里隐藏的能量，可能连一些大树也自叹弗如。

文竹同样是我偏爱的一种观赏植物。我喜欢它纤细、高雅的身姿，绿叶如云，气质如竹，每一次看到文竹，耳边似乎传来泉水的叮咚声。卖花的人告诉我，文竹是不好养的，浇水多了，容易烂根；旱了，又会黄叶；太阳直晒，它不喜欢；见不到阳光，文竹又会恹恹的。言外之意，像我这种没有养花经验的人，是照顾不好文竹的。我偏不信邪，把文竹请回家，精心侍弄。整个秋天，文竹虽然长势缓慢，但生长状况良好。时不时有新的枝叶悄无声息地长出来。冬季的一天，白天，我把它放在阳台上，享受阳光的抚摸。晚上睡觉的时候，竟然忘了把它端回客厅里。最要命的是，由于这个冬天暖气供应超乎寻常的好，中午在阳台睡觉时，我感觉有些燥热，就打开了阳台的窗户，并且在晚上忘了关。早晨起来后，文竹已经忍受了一夜寒风的摧残。它迅速委顿下去，先是黄叶，然后枝茎开始干枯。无可奈何之下，我只能拿来剪刀，齐根把文竹剪下来，把花盆搬到洗手间的一个角落里，心里盘算来年再种一棵什么样的花草。一周后，我在打扫洗手间时，无意中发现，原本光秃秃的花盆里，冒出一簇簇的嫩芽，原以为是野草，定睛细看时，才惊喜地发现，文竹竟然又枯木重生。这不由得让我对文竹这种植物有了新的认识。

毫无疑问，铜钱草、马菜花、文竹都是自然界里最纤弱的草本植物，它们看起来娇小柔嫩、平庸无奇，但就是这些弱不禁风的花草，凭借着体内蕴藏的一股强大力量，向世人展现了坚韧不屈、劫后重生的生命传奇。

点 评

　　"形容古怪，石中有美玉之藏。""人物巉岩，海底有明珠之象。"越是脆弱的外表下，越是有一股峥嵘的精神在生命历程里纵横，自强不息。扶起已然孱弱的铜钱草的，是它的纤根留存的给养；激发将死的文竹的，是它瘦可凌云的气节。一篇好文章就是这样"体物情"，进而"通人情"，情理交融，以物喻人。

舅舅

作家心语：恶人总是在自己的身上寻找长处，善者总是在检点自己的过失。

我五岁以前，从没有见过舅舅。也可以反过来说，他也从来没有见到过我。从姥姥和母亲的只言片语中，可以判断出，舅舅称得上是这个家庭的梦魇。

舅舅是姥姥家的唯一男丁，从小自然是娇生惯养。小时候和母亲一起上学，舅舅的同班同学初中毕业后回母校任教，站在讲台上的他，一眼看到了还在上小学的舅舅，舅舅受不了"同学变老师"这样的屈辱，打死他他也不愿再受上学这份罪了。说起来真的不可思议，在这个世代忠厚老实的贫寒家庭，却出了舅舅这样一个混世魔王，他好吃懒做不说，还偷鸡摸狗，最要命的是，他年纪轻轻就染上了酗酒的恶习，喝醉了酒，就回家朝姥姥和母亲要钱，搞得一个原本和谐的家庭鸡犬不宁。以至于一听到他酒醉说话的声音，姥姥的血压就会升上来，原本坐在凳子上的她，由于过分紧张，会站也站不起来。

舅舅把这个贫困的家搞得乌烟瘴气的，可能老天也看不过去，在我出生的前一年，他终因盗窃自行车而锒铛入狱。那个年代，世风良好，小偷小摸的事也属严打之列，他被判了七年。就是在他入狱时，整日以泪洗面的姥姥溘然长逝。姥姥弥留之际，交代母亲一定要照顾好弟弟。

舅舅出狱后，当了教师、住在学校里的母亲忐忑不安地把他接回家中。她不知道，这个不争气的弟弟会不会痛改前非，只希望别再给她四处招惹事端。

那时候，我刚上小学。舅舅来到家里，抱起我对准我的脸蛋，狠狠亲了一口。眼前的这个男人，矮小粗壮，面容黝黑，他笑得很开心，眼角堆满了鱼尾纹，嘴中有一股劣质酒的气味。我挣脱他，赶忙躲到了母亲的身后。

"你怎么刚出来，又喝了酒？"母亲忍不住责备他。

"只，只喝了一口。"舅舅讪讪地解释。

母亲忙着去为他做饭，他抱起了我，不住地把我向上抛起，又接住。我吓得脸色发白，只希望他赶快停止这种危险的游戏。

吃罢了饭的舅舅推出家中唯一一辆大飞自行车，要带我去街上玩儿。那时的我，胆小怕事，即使不乐意，也根本不会、也不敢拒绝大人提出的要求。

舅舅老老实实骑着自行车也就罢了，但是他让我坐在车的前大梁上，三十多岁的人，骑得忘形时，竟然两手高高举起，玩起了撒把骑车的游戏，吓得坐在前面的我，闭上了眼睛，生恐从车上摔下来。看到我瑟缩成一团，他嘿嘿笑着，重新握住了车把，我悬着的心才终于松弛下来。

舅舅没有地方住，只能住在我家南平房里。在母亲的严格监督下，他很少喝酒。母亲开始为弟弟张罗婚姻大事。最终为他找了一下乡下老婆。母亲到舅舅户籍所在地的村里，为他争取到一处安家之所。村里还给了舅舅几亩地。在母亲的带领下，舅舅的地里全种上了麦子。母亲长舒了一口气，她想她圆满地完成了姥姥生前给她布置的任务，以后的生活，舅舅应该自己好好经营了。

没承想，自立门户的舅舅旧病复发，很快又染上了酗酒的恶习。舅舅的媳妇也是一个好吃懒做的人，两人都不愿意下地干活儿。夏收时，麦子熟透了没人收割。没有办法，看不下去的母亲只能带着我们兄妹几个去替舅舅家干活儿……

坐吃山空，家中的粮食很快被败光。舅舅的媳妇跟人家跑了，孤身一人的舅舅更加有了颓废下去的理由，四处喝酒赊账，他写的还账人都是他的姐姐。

那段时间，母亲忙得焦头烂额，一边替他四处打探找媳妇，一边被酒馆、饭馆的人围追堵截，替舅舅还账。家中的人都对舅舅异常厌恶，对母亲的多管闲事，也怨声载道。

母亲开始狠下心来，不想再管舅舅的事情。但他就像溺水的人一样，继续对母亲纠缠不休。母亲只要回到家中，第一件事就是用木棒闩好大门，生怕舅舅尾随进来闹事。一个冬天的晚上，下起了雪。我上完晚自习回家，快到家门口的时候，门口一个被雪覆盖着的麻袋一样的东西突然直立起来。我汗毛倒竖，吓得"哇"的一声哭起来。听到喊声的母亲匆忙来开门，借着母亲手电筒的微光，我们母子俩同时看到了一张被酒精烧红的脸，竟然是舅舅。又气又急的母亲扯着他的耳朵把他拉进了家中。

纵是舅舅如此的泼皮无赖，但在他心中，母亲待他最好，他心里明镜似的。母亲学校里有忌妒她教学成绩优秀的心胸狭窄的同事，明里暗里拉帮结派挤对母亲，母亲委曲求全，把眼泪咽到肚里。不知道这事怎么被舅舅知道了，他每天喝罢了酒，就来到学校，对那个背后给母亲使坏的同事，破口大骂。把那人做的见不得光的事全抖了出来。鬼怕恶人，那人只能向母亲道歉、求救。舅舅才放了那人一马。

舅舅的一生完全毁在了酒上，我上高中的时候，有一次和他掰腕子，四十岁的人，正值壮年，竟然输给了我。那时候，我已经不怕他了，只是感觉他有点可怜、可悲。不论母亲声泪俱下如何劝他，他都是左耳进，右耳出，阳奉阴违，照喝不误。他喝的都是劣质酒，酒量也不大，酒一进嘴，他做龇牙咧嘴状，然后迅速用手捂住嘴巴，生怕酒味跑了，酒进了肚，他的脸上就会展现出满足的笑容，很受用的样子。酒召唤着他，谁也拉不住，他就这样马不停蹄、义无反顾地被酒引诱着向天堂跑去。

他是醉死的，死时还不到50岁。

纵是舅舅如此的不堪，给母亲惹了无穷无尽的麻烦，但对于他的死，母亲始终心存愧疚。恶人总是在自己的身上寻找长处，善者总是在检点自己的过失。其实母亲完全不必再为此纠结，因为在舅舅的心中，他生命中最成功的地方，就是幸运地遇到了一个始终在骂他、疼他的姐姐。

点 评

　　亲情是什么?亲情是挂在颈间的一串钥匙，一扇日日推开的门，是一种平凡的责任，一份把责任担成了习惯的无私之爱。舅舅纵然如此不堪，却依然把母亲当作内心的港湾。母亲虽然爱之恨之，却依旧时时挂牵。作家笔下的亲情感人肺腑，毫不做作，只因文章本着事实娓娓道来，没有片面刻画人性之美，也没有无原则地夸大亲情之贵。本文的亮点是，作者牢牢抓住人物的特点，将"舅舅"这一人物刻画得栩栩如生!

卖香蕉的女人

作家心语： 在平凡人的身上，往往蕴藏着优秀的品质。

几年前，我和妻子都在市郊一所小学任教，为了上下班方便，我们选择居住在市郊新落成的一座小区。

离小区不远，我们上下班的路旁就有一个菜市场。每天早上上班和中午下班，我和妻子都会结伴顺道去菜市场转转。

那天中午下班后，我们照例去菜市场买菜。在菜市场的一角有一家南方人开的香蕉批发零售店，这里的香蕉质优价廉，开业不到半年，已小有名气，生意红火。我们走到卖香蕉的摊位时，正想询问一下价格。一个十岁左右的小女孩突然跑到妻子面前，大声喊了一声"老师好！"原来香蕉店老板的女儿是妻子班上的一个学生。摊位上那个长相很"南方"的女老板立即也走到妻子面前，听了女儿说我妻子是她的班主任，平时对她非常好时，南方女人紧紧握住妻子的双手，连声说一些我们听不懂的肯定是感谢类的客气话。然后她突然怔了一下，像想起什么似的，立刻返身捧着一些香蕉往我们自行车车筐里放。我忙问她多少钱一斤，让她称一称，我们好付钱。那女人一边摆手，一边"叽里呱啦"地说着什么。无可奈何之下，我和妻子把香蕉放回到她的摊位上，然后落荒而逃，而她在后面紧追不舍……

没想到这次和南方女人的意外相识，给我们的生活增添了许多的"麻烦"。由于上下班都要经过她的摊位，她只要看到我们夫妻中的任何一个走过那里，就会捧着香蕉追赶我们。有时候躲避不及，与她把香蕉推来搡去，搞得像打仗一样。几番遭遇战，让我们夫妻筋疲力尽、疲惫不堪。再经过她的摊位时，我们会刻意去走路的那一边，或者绕道上下班，或者戴着墨镜，搞得我们一家都像明星似的，唯恐被疯狂的"Fans"认出来。最令人为难的是，孩子喜欢吃香蕉，而小区周围卖香蕉的只有她家的最好，孩子想吃她家的香蕉，我们连价格也不敢问她。我建议妻子和这位顽固不化的南方女人的女儿谈谈，让她的母亲以后见了我们不要这么客气，再者，我们去买香蕉，该收多少钱就收多少钱，这样大家心情都坦然。我们期望这个小使节能够改变当前令我们左右为难的现状。但令人遗憾的是，这个南方女人根本听不进她女儿的话，见到我们照例提着香蕉追赶我们，在我们看来她手里提的哪里是香蕉啊，分明就是被拉开了引线的手榴弹！

一天，有一位要好的同学和我在外面吃罢午饭后，准备到我家里喝茶。由于喝了一点酒，我早忘了卖香蕉的那个女人的事，走到她的摊位时，方才醒悟。我慌忙拉着同学紧走两步，往家跑。那个女人提着一把香蕉冲着我们跑的方向"叽里呱啦"地说着什么。

怎么这么怕这位女人？是借了人家的钱，还是和人家有着扯不清的关系？朋友酒后口不择言。

"去死吧，你！"我悻悻地把经过说给他听，他听了一个劲儿地坏笑。

还好这样的窘况只持续了不到半年，由于生意红火，这个能干的女人把店面迁到了市里的水果市场去了。

一个周末，我们夫妻二人带孩子到城里去玩儿。孩子想吃水果。突然间就看到了那个熟悉的身影。她显然也看到了我们，立即重复起那个让我们不堪回首、惊恐不已的镜头，提着香蕉来追我们。跑了几步，惊魂甫定，这时妻子盯着我的眼睛认真地对我说："其实，她不但是一位疼爱孩子的好母亲，还是一位好人！"

　　我很认同妻子的话。因为这时，她的女儿已不在那所小学上学，妻子也不再是她女儿的老师。

点　评

　　羊群逐草，商人逐利。俗语里说的"用着菩萨求菩萨，用不着菩萨骂菩萨"，就是这个道理。文中的"我"担心卖香蕉的女人怀着"求菩萨"的想法，因此不愿收下香蕉。直到女人的孩子转学，不再是"我"妻子的学生，女人仍执着相送，"我"才知道她是在表达真诚的谢意，是一位值得尊重的好人。在人物写作中，变换故事场景来凸显人性，是很有效的手段。

请你大声说话

作家心语：只有深入孩子的心灵，才能解决他们成长中的心理问题。

李杰五岁以前，口齿伶俐，是一个性格外向的男孩。

在那个年龄段，活泼好动，对周围的一切都充满好奇与幻想，喜欢模仿。

邻居一位叔叔说话结巴，李杰和小伙伴们恰似发现了新大陆，兴奋地跟在结巴叔叔的背后学着结结巴巴地说话。孩子们中只有他学得最像，所以李杰很得意，越发学得起劲。

孩子们的恶作剧并没有惹恼结巴叔叔。结巴叔叔善意地提醒李杰："别，别学我说话，我就是，就是小时候模仿结巴叔叔说话，后来说话才结巴的！"

"你骗人！"李杰认为结巴叔叔在骗他，把结巴叔叔劝导的话惟妙惟肖地再次模仿了一遍。逗得所有的孩子都哈哈大笑……

没有想到，结巴叔叔的话一语成谶！

上学了，李杰说话也开始结巴。当同学们都惊奇地望着他时，他越发紧张，说话更加磕磕绊绊……

是的，七岁时，李杰说话结巴了。以前他取笑别人，现在成了同学们取笑的对象。李杰陷入了深深的自卑中，一下子变成了一个沉默寡言的人。

在课堂上，李杰最怕老师提问他。因为他一开口，课堂里就充满了笑声。

他难堪极了，尴尬极了！

没有办法，以后老师再提问他时，李杰就会在站起来后，深深地低下头去，用蚊子一样的声音说："我，我说话结巴！"

小学期间，真的没有老师再在课堂上提问过他。李杰感觉到了一种前所未有的轻松与解脱。小学阶段，他的学习成绩非常一般。

转眼间，他升入了中学。

开学第一天，李杰就再次遭遇尴尬。由于中学老师们都不了解他的情况，各科老师都按照学生花名册点名提问。

数学老师让他回答问题时。

李杰说："我，我说话结巴！"

数学老师是一个年轻的女教师，她示意他坐下，眼中充满了理解和尊重。

历史老师让他回答问题时。

李杰说："我，我说话结巴！"

历史老师是一名老教师。这位老教师走到他面前，抚摸了一下他的头，让他坐下，脸上写满了怜悯与同情。

语文老师提问他时。

李杰仍旧低着头小声说："我，我说话结巴！"

语文老师兼着班主任，是一位三十多岁的男教师。语文老师好像没有听清他的话。

"请你大点声，请你大声说话！"

"我，我说话结巴！"李杰有些羞涩地略微抬高了说话的语调。

"我没有听清，请你大声说话，回答我提出的问题！"

课堂里一片寂静，似乎能听到心跳的声音。

李杰第一次遇到这样一位没有人情味、蛮不讲理的老师。他有点恼怒地抬起头来，赌气似的结结巴巴地大声回答语文老师提出的问题。不知不觉中，委屈的泪水挂在腮旁。

语文老师很平静地听完他的回答后，示意他坐下，自始至终仿佛没有发现他说话结巴似的。

以后，语文老师在课堂上经常提问他。开始的时候，李杰很紧张，说话时断时续。后来经历提问的次数多了，他紧张的心情得到了缓解，再回答问题时，话说也利索多了。因为语文老师总爱提问他，他只能在学习语文上格外下功夫。他的语文成绩进步非常快。

后来，其他科目的老师也开始陆续提问他。他用结巴织成的自我防护的盔甲被老师们轮番的提问彻底击穿了。

在他14岁时，他说话不再结巴。他学业优秀，又变成了一个活泼开朗的人。

李杰心里明白，这一切都是语文老师一手导演和造就的。

18岁时，他顺利考进了一所师范大学。大学毕业后成为了一名语文教师，学生们都沉迷于他滔滔不绝的口才。从教三年后，他参加了市里组织的一次演讲比赛，他顺利通过了初赛。

决赛的时候，面对诸多评委和观众，李杰一度非常紧张，害怕自己"旧病复发"，说话结巴。但深深吸了一口气，缓缓吐了出来，刹那间，他想起了语文老师的话：请大声说话！

李杰不再紧张，非常镇静地用洪亮的声音做了精彩的演讲。结果在那次演讲比赛中，他一举夺得亚军，成为了本地小有名气的演讲家。

从昔日的一只丑小鸭变成了今天的白天鹅，李杰演绎了一段令人不可思议的化蛹为蝶的传奇。

当熟悉李杰过去的人惊异于他今天超群的口才时，他笑着回答："当你在说话时感到胆怯和紧张，躲避不是办法。如果你想拥有表达的勇气，请记住，一定要大声说话！"

点　评

　　偶尔的一句鼓励的话，可能给别人带来一生的影响。其实，鼓励有时很简单，也许只是投一瞥赞许的目光，也许只是一句肯定的话语。作者主要的写作意图是引导和鼓励学生从自卑的心境中走出来，如果只愿躲在角落里，阳光永远照不到你的身上。中学生写作时往往流于肤浅，缺乏深刻体会，可以从这篇文章的内容里受到启发：多写一些个人经历等贴近生活的事情，使作文含有独属于你的情感体会。

丝瓜的舞蹈

作家心语：草木一春，但丝瓜一样可以跳出最美的舞蹈。

中秋节以后，秋风里似乎裹挟了冷水，吹到身上，让人寒意顿起。当树叶与树枝依依惜别、天空中传来雁声阵阵的时候，一身风尘、绿黄相间的丝瓜仍不愿离开，与依附了半年光景的枝架纠缠、私语。

每年农历的三月，在北方的农村，人们开始陆续在院内、院外栽种丝瓜，丝瓜的种子类如西瓜子，把它们埋进土里，浇上水，不经意间，丝瓜苗就从土里探出了小脑袋，展开的两片小叶子，仿佛女孩儿的羊角辫。也就是几天时间吧，还是小女孩的丝瓜苗在春风中翩翩起舞，跳着跳着，腰身舒展开来，这时候就要在丝瓜苗的身边插上硬而长的树枝或是竹竿，丝瓜仿佛长了眼睛，用纤细碧绿的触角乘势赶紧抓住身边的扶枝，攀援而上。等待它们的或是平坦的房顶，或是精致的棚架。

天一天热似一天，丝瓜已经爬满了平房顶或是棚架，丝瓜藤青翠欲滴，宛如用绿水做出来的手杖，叶片如人的手掌，只是手掌上下长满了白色的纤毛。丝瓜花开始次第开放，初长的丝瓜蕾，通常是一小撮的，花蕾们看起来像一个个小锤头，先开的花蕾必定是不会长出丝瓜的，真正能结出果实的，都是先长丝瓜后开花的。在丝瓜的枝丫间，先会长出一根像芋头一样类如婴儿小手指的绿色小丝瓜，小丝瓜的头上戴着一个帽子，随着小丝瓜长长、长粗，丝瓜头顶的帽子也会悄然开放。丝瓜花的颜色是黄色的，花蕊浅黄，即使花瓣完全打开，也是皱巴巴的，像是专门量身定做的带着褶皱的短裙，也正因此，丝瓜花看起来永远是温和的，亲切体贴，而不张扬刺目。一棵丝瓜开出花朵的数量是令人吃惊的，它好像一个夏天都在不知疲倦地不停地开花，吸引着蜂蝶在花瓣间飞舞穿梭，点缀安抚着过度喧嚣浮躁的夏季。

　　北方农村夏天最常见的菜就是丝瓜吧！因为在这个季节，到处悬挂着的绿莹莹的丝瓜可以充分满足人们的需要，稍一摘迟了，丝瓜就老掉了，不能再吃。丝瓜可以用热水焯过凉拌着吃，也可以炒着吃，更可以炖着吃，炖丝瓜可以放鸡蛋、粉条或是油条，吃起来清香而又爽口。丝瓜性寒，入嘴是有一点苦头的，夏天人们容易上火，多吃丝瓜可以帮助排遣心中的烦躁情绪，在炎热中品味一种独特的清凉。

　　还没有吃够丝瓜，丝瓜的枝蔓上仍然零星绽放着黄色的花朵，但丝瓜的藤叶已经开始泛黄，一场秋雨过后，花朵皱成一团，丝瓜绿色的血液正在迅速撤退。该是和丝瓜说再见的时候了！准备扯掉枝蔓，晒干了当柴火用，而几个身材膨胀臃肿、颜色黄褐的老丝瓜在棚架上随风抖动，像是迟暮的老顽童在荡秋千。其实这样的丝瓜是人们特意留下的种瓜，在老丝瓜完全风干、变得轻盈无比的时候，人们会摘下它，捅破瓜皮，取出蜂窝一样的瓜瓤，抠出种子后，瓜瓤不会扔掉，那可是最环保的刷碗工具。一块瓜瓤完全可以使用到来年的春天。

　　这样一想，根本就不用和丝瓜说再见了，不是吗？丝瓜在一年四季中都没有离开过我们的视线，它就像一位老朋友，始终和我们相伴在一起。

点 评

　　生活中处处有文章，关键是要有一双善于观察的眼睛。不起眼儿的丝瓜在作者笔下演绎了动人的一生：春的俏皮、夏的蓬勃、秋的私语、冬的收藏……即使平凡如丝瓜又何妨？来到这个世界就做个无悔的舞者：只管热烈地存在，不问陨落的悲凉。许多考生往往把心思放在特殊的事物上，从未正视过身边平凡事物的存在。时空交错，四季轮回，身边的事物，完全都可以写进作文里。

香椿树

作家心语：美在乡间，空闲的时候，城市里的人们应该经常到乡间走走。

时间到了三月，北方农家小院里以及房前屋后，香椿开始次第发芽，阵阵浓郁的香气四处弥漫。香椿嫩芽初生时，一如枝头落了一群紫红色的燕子，它们在春风中抖动着羽毛，展翅欲飞。几天后，香椿芽儿齐刷刷地伸展开来，变成了一簇簇暗红色的火苗，如同鸟儿美丽的头冠。

农妇的手开始在香椿树的枝丫间轻盈地飞舞，摘下的香椿芽儿，被宝贝似的收好，带到市场上去卖。初上市的香椿芽儿奇货可居，价格高得惊人，按两或是小把来卖。不一会儿，还是被急于尝鲜的城里人抢购一空。香椿芽儿的吃法多种多样，买到家中，可先用开水焯一下，紫红的香椿芽儿会变成青色，然后把焯过的香椿芽儿切碎和豆腐丁儿一起凉拌，青白相间，不仅赏心悦目，而且清香爽口；也可以不切碎，直接用香椿芽儿裹上蛋清炸着吃，炸过的香椿芽儿，外焦里嫩，别有一番风味；更有不讲究的，直接把香椿芽儿卷在煎饼里吃，一样吃得津津有味。待到香椿芽儿抽出叶儿来，仿佛公鸡的尾巴，此时的香椿叶口感大不如以前，农妇们把它们采摘下来，一样用开水焯过，置于坛子里，放上适量的盐，当成家中的日常菜。

其实对于香椿，并不是所有的人都喜欢。因为它的香味有点怪，类如咸鸭蛋黄散发出来的气味，喜欢吃香椿的人正是迷恋这种与其他蔬菜不同的味道。

讨厌香椿的人，却不习惯它身上这种异香。但据我观察，许许多多最初讨厌香椿的人，在喜欢香椿的人的影响下，最后都成了香椿的追随者。到现在我身边的人几乎个个喜食香椿，包括几位以前对香椿深恶痛绝者。

香椿毕竟是一道农家美味，在世间能拥有那么多愿意品味它的人，我想，它一定会很开心！

★ 点 评

　　香椿是一种长寿的树，在中国古代，人们常用"椿萱并茂"比喻父母康健。作家写香椿，着笔在一个"吃"上，通过写爱之者甚众，厌之者甚众，反映了爱也其香，厌也其香的食趣，作者由讨厌香椿的人成为香椿追随者的态度变化，告诉读者一个道理，多尝试生活就会多一份美好。中学生在写作文时，也可以像作家这样，投入情感，传达生活中浓浓的情趣。

佛手瓜

作家心语：淡定未必得不到，不争是一种大智慧。

因为爱吃佛手瓜，所以一到三月，我就到菜市场转悠，四处寻找卖佛手瓜苗的菜农，希望能在家中的小菜园里栽上一棵佛手瓜，那么不仅可以欣赏到一处独特的风景，更可以随时吃到新鲜的佛手瓜。

令人失望的是，去了几次菜市场，都没有看到卖佛手瓜苗的，在一处菜农摊上买南瓜和丝瓜苗时，便向她打探在哪里可以买到佛手瓜苗。她回应道：去年秋天霜冻来得早，佛手瓜刚开始结果时，便几乎都被冻坏了。哦，原来是这样！听到菜农的解释，我不由得怅然若失！

再逢县城的集市，带着一种侥幸的心理，在菜市场寻觅佛手瓜苗的踪迹。功夫不负有心人，竟然真的让我碰到一个卖佛手瓜的菜农，他手中只有一棵佛手瓜苗，开口就要十元钱一棵。虽然感觉价格有些偏高，我还是兴冲冲地买了下来，宝贝似的捧回家中。

佛手瓜苗与其他蔬菜的幼苗生长繁育方式完全不同，它的苗竟然是从种瓜里培育出来，长到尺把高时，就可以把它栽培到阳光能照耀到的土地中。我把佛手瓜苗栽在南瓜和丝瓜苗的旁边。此时已是阳历四月，南瓜秧已经开始蓬勃生长，枝粗叶旺，硕大的叶子就像荷叶一样伸展开来；丝瓜也不甘示弱，青蛇般蜿蜒爬到支好的藤架上，享受阳光的照耀。而佛手瓜在与南瓜和丝瓜的竞争中，似乎甘拜下风，它的五角叶子，只有成人的手掌大小，且长势缓慢，把最好的风光都让与了芳邻。

南瓜花和丝瓜花开始次第开放、结果，扁圆的南瓜、细长的丝瓜从藤架上悬垂下来，带给家人无限的惊喜和口福，而佛手瓜仍旧蔫蔫的，藤蔓看起来粗了一些，但只刚好爬到藤架上，被南瓜藤和丝瓜藤挤到了一边，没有一点要开花的样子，更别说结果了。

南瓜和丝瓜似乎有意要让佛手瓜难堪，盛夏之时，花朵越发茂盛，瓜果满目皆是，走在藤架下，一不小心，就会有南瓜、丝瓜撞上你的脑袋。

在南瓜、丝瓜尽享丰收的喜悦时，佛手瓜似乎仍旧在打着瞌睡。失望之余，我终于按捺不住，想把佛手瓜的藤蔓拔掉。妻子拉住了我：听说佛手瓜是在秋天才结的，我们等等看吧！

中秋节后，当南瓜和丝瓜叶片泛黄，风光不再时，此消彼长，令人瞠目的一幕终于上演：佛手瓜似乎被打了一针兴奋剂，在秋阳高照中，开始疯狂生长，只有几天时间，后来居上的佛手瓜就把南瓜蔓和丝瓜蔓挤到了一边，它爬满了整个藤架，在枝节间生长出的四条触须像手一样不断抓握着一切可以抓到的东西，甚至顺着院子里的一棵银杏树直接爬到了树顶。同样是在枝蔓的节间，开始长出数不清的花蕾，佛手瓜的花是五瓣的，花朵淡黄色，只有黄豆般大小，但看起来清新脱俗、独具风韵。比婴儿小手指还小的佛手瓜是顶着花蕾长出来的，没有开花前，看起来像是一个小男孩，待花朵在头顶绽放时，又转身变成了一个美丽的小姑娘。秋风渐冷，南瓜和丝瓜已经停止结果，藤蔓老去，佛手瓜却似乎迎来了自己的春天，不出两周，小小的佛手瓜都仿佛被吹大的气球一样，悬挂在藤架下，它们的确应该叫作"佛手瓜"，每一个佛手瓜都如双手合十，在秋风吹拂下，闭目养神。成百上千的蜜蜂在佛手瓜花间飞舞，狡猾的蜘蛛找到了"商机"，乘势结网，捕捉粗心大意的蜜蜂。佛手瓜也竟如修行的僧侣，对身边的争斗，视而不见，静思诵经。

佛手瓜的智慧在于它隐忍的品格，春夏时节避开丝瓜和南瓜的锋芒，在初秋和深秋的夹缝中寻求生存之道。如果霜冻来得早，它结的果实就少，如果霜冻推迟，它会抓住机遇，尽力结出更多的果实。说出来令人难以置信，最初我对自己栽种的佛手瓜能否结果并不抱多大的希望，结果，它在今年的十月间，竟然结出二百多个佛手瓜，不仅满足了自家的口腹之欲，它们还走上我周围邻居以及同事、朋友们的餐桌。

佛手瓜是名副其实的"聪明瓜"，富含钙、铁、锌等，孩子吃了可以促进智力增长，同时作为食疗，对咳喘也有比较好的疗效。佛手瓜不仅可以凉拌、清炒、入汤，还可以切片泡茶，有理气的功效。

作为一种观赏性植物，佛手瓜绝对是秋季中一道美妙绝伦的风景线，每一个靠近它的人，都忍不住驻足观望、感慨赞叹，而佛手瓜保持一如既往的淡定，在冷风中轻轻地摇曳，仿佛睡在摇篮里，进入了梦乡……

点　评

　　佛手瓜形象的超然脱俗、不同凡响得益于作者两大手法的恰切运用：欲扬先抑和相互对比。"抑"如蓄势，压得愈低，"扬"得愈瞩目。通过将佛手瓜与南瓜、丝瓜对比，更加突出了佛手瓜不俗、不争、淡定安然的佛性特征。本文借物抒情，是状物，更是赞人。

在花盆里做窝的鸟

作家心语：鸟语花香的世界，是人人都向往的。

自小时起，便爱上了养花。家中的小院摆满了大大小小、名目繁多的草木，甚至有的盆栽，我都叫不上名来。但那不打紧，满眼绿色中，点缀着五颜六色的花朵，看一眼，再苦再愁再闷的心绪，都不会再纠结，慢慢地一点点地舒展开来。

养花的乐趣在于对植物的无限美好期待，园丁赏花时的成就感以及与植物亲近的好心情。爱种花的人肯定都是热爱生活的人，都是体贴入微的人，都是性格温和的人。否则那是肯定种不好花的。即使种了花，养出的花也都是干巴巴的，不鲜活，像一个精神不好的病人。

我几乎每天吃过晚饭后，都会在院子里徘徊赏花，看到有杂草，赶紧拔去，看到花盆里旱了，就拿起喷壶，进行人工降雨，经过水的滋润洗涤，绿叶青翠欲滴，让人心生怜爱。

八月的一天清早，晨练后回到家中，不经意间竟然看到一盆榕树的根须间，搭了一个鸟窝。鸟窝严密精致，独具匠心，细细端详，是用苇草和麦秸搭建的，窝的正中还摆放着一层软软的干草。

鸟窝好像搭在了我的心间，窃喜间，在家中约法三章：在院子里做事要轻拿轻放，不许大声喧哗，更不许走近那摆放在院子角落里的榕树。

鸟终于来了，它并没有我们想象的那样怕人，在院子的墙头上稍一驻足，歪头看了看屏息静气、有一丝紧张的我，就飞到了榕树的枝头上。眼睛有点近视的我，这时看清了鸟的容貌，嘴巴黑亮而又尖细，头顶着一层白霜，身体两侧的羽翼是黄绿色的，脖颈下部灰褐，而腹部纯白如雪。关于鸟的知识，我知道得不多，但我想，这只鸟的名字应该就是我们北方人所说的白头翁了。

几天后，白头翁在鸟窝里产下了四枚蛋，趁它出去觅食的时候，我走近鸟窝，近距离观察一下这四个可爱的小宝贝。四枚鸟蛋蛋壳红润，壳的表面还零落洒有淡紫色的斑点，仿佛脸上长着雀斑的可爱的孩子。我恐怕得罪了鸟妈妈，不敢在榕树边久留，取了些水和杂粮，放在鸟窝边，希望鸟妈妈不用那么辛苦奔波，可以随时陪伴在孩子们的身边。

二十多天后，四只毛茸茸的小白头翁破壳而出。鸟妈妈在榕树的须根上跳跃着，大声鸣啾歌唱，须根宛如五线谱，而鸟儿就是会跳舞的音符，歌声响彻了整个小院，我们全家人都笑逐颜开……

人鸟和谐共处，曾经是画中才有的景观，现在，鸟儿竟然和我共居一家。我在心中冀望，以后的每一年，院子里都能有鸟儿在此安家。只是不知道我的心声，鸟儿能不能听到，我想它们是应该能够感知到的，因为从它们宛转悠扬的叫声中，我分明听出了幸福与欢畅！

点　评

朴实的笔墨诉说着朴实的情感，我们在作者描写的原初、宁谧、温暖的画面中体会到了人与万物和谐共存的喜悦。时光从不敷衍每个生命的存在，从善待每一个日出开始，它会将无数个爱心故事延续。考生在考试中不一定非要出奇制胜，那种润物无声的"爱"似乎更能打动人。读完此篇我们更加明白：给生活足够的爱心，让它充满温度，如若爱心永恒，沙漠也会变绿洲。

点烟

这是一个现在听来让人难以置信的故事。但在那个年代它的的确确发生过。

一九七五年的早秋，在我们鲁南的小县城传播着一条轰动的新闻：红旗学校在县城内率先用上了电灯。于是，城内以及住在县城附近的人们纷纷前来参观；偏远乡村的老乡到县城赶集时，也顺便绕道到学校来瞻仰一番。灯泡吊在教师办公室里，办公室是低矮的草房，大人的手一伸，就可以碰到灯泡；调皮的孩子踩着凳子试图捉住它，便立刻会传来叱责声：灯泡会电死人的，不要命啦！尤其是晚上，总有一些人站在门口或办公室内观看电灯和一脸喜悦批改作业的老师们。那昏黄的灯光在人们的心目中不亚于太阳，人们对社会主义的光明前景也有了更感性的认识。

我的母亲当时就有幸在红旗学校任教。姥姥家住在离县城六十里远的一个小山村。一辈子没出过远门，已经六十多岁的姥爷让人捎话给母亲：要在有生之年看看电灯。

星期天，母亲借来县政府唯一的一辆"大飞"车，接姥爷来县城。回来后吃罢晚饭，已是掌灯时分。姥爷腰间别着个旱烟袋，在母亲的陪同下来到了办公室里。他的运气好极啦，那晚观看电灯的人并不多。姥爷得以坐在灯下的凳子上，仔细地观赏。九点钟，人们逐渐散去，屋内只剩下和母亲一起备课的几位老师、姥爷以及一位住在附近的老乡。又过了半小时，那位老乡要走，老师们纷纷起身送老乡出门；而姥爷正仔细地往烟锅里填烟叶。

送人归来后的母亲和老师们踏入办公室门槛的刹那间，看到了一个令人忍俊不禁、难以忘怀的场景：我亲爱的姥爷正将烟袋戳在灯炮下面，使劲地吧嗒烟嘴。边吧嗒边自言自语：那么旺的一团火怎么点不着烟呢……

转眼间几十年过去了，如今在我们县城偏远的山村用灯泡照明也是很平常的事情了。六十多岁的母亲告诉我们：每当走在霓虹闪烁的夜色中的时候，姥爷在昏黄的灯光下点烟的场景总在她脑海中萦绕，久久挥之不去。

> **点　评**
>
> 　　没有历史、没有回忆，就没有进步、没有发展，此文通过回顾一个令人"难以置信"的故事，带我们回到了真实存在的过去。在作者拉近又拉远的镜头里，我们捕捉到了文明、知足、幸福的丰厚内涵。考生在写作时如若抓住现实中的那份"真实"感，几乎就使作品成功了一半。作者本文的立意平实，但不落俗套。通过此文我们似乎感悟到：把最真的情感逐步浓缩成一个镜头，那将会成为一幅独一无二的画卷。

心中的苹果

作家心语：那个在学生手中传递的苹果，分明是渴望求知的眼睛。

那年我师范毕业被分配到一所山村小学任教。学校就坐落在山脚下，是几间新的瓦房，虽不高大，但比起村民们所住的房子，已经是鹤立鸡群了。

学校周围的环境好极了，青山连绵、溪水欢唱、树木葱茏、空气清新……闲暇时，我就捧一本书躺在大树下看，感觉真是心旷神怡、胜似神仙呵！

我的好心情是在冬季被寒冷的北风彻底赶跑的，四下的美景已处处凄凉，恶劣的条件让我心情沮丧，我陷入了孤独的恐惧中。春节回家过年时，听到了有关我的同学们的信息：他们有的改了行到了其他待遇优厚的单位，有的到南方去闯天下了，最不济的也在乡镇任教。我的心情更加糟糕。那个春节对我来说毫无快乐可言，心中一直有个声音在呼喊：我要离开那个鬼地方！

经过半年多的努力，事情终于有了结果：我在这个暑假过后就可以不用再到那所山村小学任教了。而明天就是这个即将结束的学期的最后一天，也就是说，我只要再上最后一节课，就可以脱离苦海了。那天夜里，不知为什么我竟失眠了。

由于一夜没睡好，第二天当我站在讲台上时，感到疲惫不堪，嗓子沙哑得厉害。我曾那么想把自己的最后一课讲好，看样子是不可能的了，我感到非常对不起这些还蒙在鼓里的孩子。课讲到一半，就无法进行下去，我低下头不停地咳嗽……突然间，我用眼睛的余光看到从教室深处的一个角落里飞快地传过来一个苹果。当我惊愕间抬起头时，苹果已递到我的手中。望着这宛若红心的、山里才有的苹果，我不由得泪流满面……

你们猜得没错，我现在仍在那所山村小学任教，并且为之而深感自豪！

点　评

雨果的《笑面人》中说，吼叫是狼的安慰，羊毛是羊的安慰，白颊鸟是森林的安慰。而在这所荒凉的学校里，教师就是学生的安慰。一个宛若红心的苹果，在手手相接、重重传递中震颤着作者的怜悯之心，并最终使作者回心转意，留任山村。作者通过一个苹果，刻画了内心的思想交锋，中学生在写作时也要学会借助外部事物，反映人物复杂的心理变化。

每一颗心都害怕孤独

作家心语：不要去孤立那些站在角落里的人，他们和你一样，害怕孤单。

在童年时代，我就喜欢踢足球。小伙伴们常常在操场的两头，分别把两辆自行车平行放置当作"球门"，然后就开始分组"对抗"。

由于我小时候身体瘦弱，踢球时，别人一碰就倒，所以在分组的时候，大家都不愿意和我一伙。看着他们在球场上踢得人仰马翻、热闹非凡的高兴劲儿，只能在场边观战的我像掉队的大雁一样备感孤独。当时，我一度非常自卑，觉得自己在别人眼里就是一个"0"，一无是处！

但我不是一个愿意轻易认输的孩子，再吃饭时，我不再挑食，狼吞虎咽的样子吓了母亲一跳。私下里，我开始独自拼命地练习踢球。那已经不是我能不能踢好足球的问题了，我要证明，他们不要我是错误的！

功夫不负有心人，半年以后，我的身体强壮了许多，球技也明显比小伙伴们高出一筹。当我重新站在操场上，一个人熟练地带球时，正在操场上比赛的小伙伴们，忘记了脚下的球，全都瞪大了眼睛看着我，他们被我身体的变化和精湛的球技惊呆了！

再踢球时，伙伴们都争着想和我分在一组。现在已经不是他们挑我，而是我挑他们的时候了。由于我曾经体味过被别人冷落的滋味，所以我总会在分组以后，笑着冲被大家忽略的最瘦弱的伙伴喊一句：来吧，我们这组要你！他原本灰暗的眼睛一亮，马上兴奋地跑到我的身边。事实证明，他在球场上表现得比谁都卖力，他踢得确实不错！

童年的踢球经历告诉我：遇到困难和挫折，自己首先不要被吓倒了，要努力使自己强大起来。同时，不要忽略角落里最不起眼的小草，只要有一缕阳光照耀到它的身上，它一样会迸发出无限的生机和能量！

点评

没有一颗天生干瘪的麦粒，它只是在灌浆时被东风粗心地忽视。假如给它一点点雨露的青睐，它也必将在五月的麦浪里涌起金黄！作者经过努力最终得到了尊重，又推己及人，向弱小的伙伴伸出援手。文章通过描述作者得到的截然不同的待遇，强调了自身努力的重要性，也传达出了"弱者需要鼓励"的人性关怀。我们在写作时，也可以"一文多旨"，表达多个层次的内涵。

天使的翅膀

作家心语： 公共道德需要每一个人去维护遵守。

冬春交替的时节，女儿感冒了！吃了点药，效果不明显，仍旧咳嗽得厉害。我担心年幼的孩子身体抵抗力差，引起肺炎，便带她到县城最大的医院去看病。

我挂的是专家门诊号。到了儿科专家门诊室门口，看到里面挤满了人，孩子的哭声和大人的劝慰声像是在唱大合唱。透过喧哗声和人头攒动的缝隙，我看到坐诊的医生是一个戴着眼镜的中年男子。听着孩子一声接一声地咳嗽，看着看病队伍几乎排到了门外，我不免焦躁起来。给同学打个电话吧？！我有一位同学就在这家医院上班，我想让他跟这位医生打声招呼，或许就可以免去排队之苦。我刚拿起手机，就看到一个女医生领着一名抱着孩子的妇女走了过来，白大褂成了她的通行证，她很快就挤到了中年医生的面前：这是我的一个亲戚，你先给她的孩子看一下吧！当大家看清女医生的真实目的后，眼中都充满了鄙视和无奈。在那一刻，我放下了手机。我为自己刚才的想法而感到脸红，更担心的是再有几个这样"加塞儿"的人，天知道，我会等多久。

"让你的亲戚排队吧！大家都等得很辛苦。我现在就给院长打个电话，看能不能再安排一个医生到门诊室来！"喧闹的门诊室一下子安静下来……

中年医生的话仿佛天使的翅膀，振翅飞到了人们的心中，又如一味良药，让一颗颗原本拥挤、灰暗、浮躁的心，刹那间变得宽敞、明亮和安详。

⭐ **点　评**

　　每一个人的时间都是宝贵的，每一个人的生命和健康对身边的亲人来说都是最重要的。正如那位正在给病人诊治的医生所说的："大家都等得很辛苦。"是啊，如果我们每一个人都收敛一下私心，那么，我们的幸福感会更加多一些。本文的标题起得精巧别致，内容直面社会中的不良现象，值得考生们仔细玩味。

因为满足所以快乐

作家心语：烦恼往往是欲望过多造成的，一个人的欲望越少，就越快乐。

八岁的女孩朱欣月是学校的升旗手，她平生最大的心愿就是到北京天安门观看升旗仪式。但是她非常不幸，身患髓母细胞瘤并失明，心中的梦想看起来已经遥不可及、难以实现。为了帮助身患绝症的欣月圆梦，2000名长春市民在长春进行了一次模拟升旗仪式。不久，以此为背景，欣月的故事被拍成电影《欣月童话》，影片的主演是享誉国际影坛的明星梁家辉，初看剧本时，梁家辉深为欣月的遭遇所感动，这使他想起了早夭的弟弟，在梁家辉16岁时，九岁的弟弟不幸身患骨癌，坚持了九个月便离世。他主动把片酬压到最低，几乎是免费出演。

梁家辉的演艺生涯并非一帆风顺，初进演艺圈，他和刘德华一起给周润发当配角，跑龙套。但他很有自己的想法，即使是只上台几分钟，他也要绞尽脑汁琢磨如何在极短的出场时间内展现自己的风采。有一次他出场扮酷，动作夸张，风头超过了主演周润发。正当他扬扬自得的时候，却遭到了导演的斥骂：你以为你是谁啊！当同是跑龙套出身的刘德华开始在银屏崭露头角时，梁家辉却遭到了公司的解聘。

郁郁不得志的梁家辉并没有气馁，相继做过服装模特儿、杂志编辑。一次偶然的机会，他被大导演李翰祥相中，先后出演了《垂帘听政》和《火烧圆明园》，并凭借出色的演技，荣膺香港金像奖最佳男主角，那一年他才26岁，成为金像奖历史上最年轻的影帝。此时的梁家辉看起来星途灿烂。但命运再次和他开起了玩笑，由于《火烧圆明园》是香港与内地合拍片，当时海峡两岸关系不睦，香港电影发行的很大市场在台湾，香港电影的资金也几乎全来自台湾，他遭到了台湾的封杀。当了影帝的梁家辉没人找他拍戏，只能"下岗"。不甘寂寞的梁家辉开始自己找事做，甚至到街头摆地摊，有的顾客问他："你和那个演戏的梁家辉长得真像。"他微笑着回答："我就是梁家辉。"在别人眼里，他很落魄，生活对他太不公平，但乐观豁达的他苦中作乐，利用这段沉寂期仔细观察市井生活，为自己的日后演艺事业增加生活经验和阅历。在他的眼里，他的人生从来就没有低谷。

机遇总是垂青有所准备的人。梁家辉后来解禁，并参演了《英雄本色Ⅲ》，他用了九年时间，从周润发的背后闪亮出场，出演了男二号。此后一发不可收拾，丑角、搞怪，只要那个角色的生活他没经历过，他都敢接。他主演的《情人》打破了法国电影两年来的票房纪录，成功晋身国际影坛。

如今，早已过了不惑之年的梁家辉，依旧风度翩翩，他的魅力源自多年艰苦环境的磨炼，源自他乐观的生活态度和诙谐的语言，源自他对朋友、家人的无限关爱，他愿意把快乐送给大家。出演《欣月童话》后，让他对人生有了更多的感悟，他说生活中每天早上醒来看看自己还活着还很健康就很快乐，原来总以为人生要达到某种程度，获得某些成就才算快乐，但拍完《欣月童话》后，才发现要求越少越小越容易获得满足，人一旦满足之后就会很快乐。

点 评

　　所谓幸福的人，是知足的人；而所谓不幸的人，是欲壑难填的人。梁家辉的人生充满坎坷，但他记住的只是过往欢愉的时光，不快乐的事都被他有意忽略掉了。名人、伟人、公众人物，人人可以写，但作家却写出了与众不同之处，这就在于别出心裁的"取景"和"剪辑"。确定作文主题后，按照主题选取所需素材，详略有序地布局，才会有"水落石出"的效果。

善念赋予的勇气

作家心语：每一个人都有一颗向善的心，帮助他人，能让我们活得更有成就感。

湖南卫视前几年有一档收视率极高的节目叫《勇往直前》，参加这个节目的都是当红的国内及日、韩等国的娱乐明星。

观众之所以喜爱这个节目，一方面是因为节目内容惊险刺激、健康有趣，另一方面可以目睹明星们戏外台下的"真我"状态。

《勇往直前》被主持人戏谑地标榜为一个非常"人性化"的节目，而实际上正如众多参与该节目并被捉弄的"洋相百出"的明星所言：这个"人性化"节目毫无"人性"可言！有的女明星被当场吓哭，甚至个别明星在参与节目的过程中会流血受伤。但令人不解的是，正是这档危险指数相对较高的节目，却令明星们趋之若鹜、乐此不疲，有一些明星甚至三番五次参加《勇往直前》的节目。

印象中《勇往直前》有两个比较刺激的游戏，那就是"蹦极"和"高台跳水"。一些明星身在高处，双腿打战，根本就不敢向下看，有的甚至匍匐在地，向下看一眼立即就吓得闭上了眼睛。配上外景主持人锐哥危言耸听煽情的介绍，胆小者吓得当场提出要退出这场恐怖游戏，有的甚至掩面哭泣……对于经过多番鼓励仍犹豫不决、不愿参战的选手，锐哥只能动之以情、晓之以理：你参加这个游戏，不仅仅和自己有关，如果你胜利完成这期节目，许多孩子将得到一笔捐助，获得上学的机会……听了这些话，刚才还坐立不安、急于打退堂鼓的明星，脸上的表情立刻变得严肃庄重起来，胆怯、犹豫的眼神一下子变得坚毅而又悲壮，经过一番思想斗争，几乎都能够顺利完成比赛。

是什么原因让视身体为吃饭本钱的明星们能够克服心理障碍，完成这些于他们而言几乎是不可能完成的任务，只能是爱心和善念，是爱心给了他们义无反顾的勇气，是善念给予了他们无穷的力量。

点 评

莎士比亚说，爱叫懦夫变得大胆。因为有爱，退缩的明星选择一往无前；因为有爱，一度颓废的史铁生重拾笔杆子。这种爱，就是一种深沉的善念。作家没有选择讲述一件好人好事，来说明"善念赋予的勇气"，而是描写胆小的人因善念而变得强大，这样的写法给读者带来更深的感触。爱心类的文章一直是高考语文中的热门，考生应该对这类主题的美文多加关注。

李连杰的慈悲心

作家心语：成功之路往往是艰难的，更加难得的是，李连杰在功成名就后开始一心一意做起了慈善。

继李小龙、成龙之后，李连杰称得上是最成功的功夫巨星。其英气逼人的扮相、轻灵飘逸的武打招式几乎把功夫电影推到了极致。2008年李连杰突然宣布息影，专门做慈善工作。李连杰做客湖南卫视《说出你的故事》，主持人鲁豫聊起电影的话题时，他的热情仍旧不高，虽然他承认有些片约在催，但他表示会优先考虑客串角色，因为这样的话，他就有足够的时间来兼顾壹基金。

红遍亚洲的李连杰初到美国闯荡并不顺利。在《致命武器4》中，他有机会和好莱坞巨星梅尔·吉布森合作，在片酬问题上，制片方只答应付给李连杰100万美元。这样低的片酬令李连杰难以接受，他推开桌子，转身离去，但一想自己初来美国闯荡，不如暂且勉强接受；但就在他犹豫间重新坐下时，对方马上又压低了他的片酬，只答应出75万美元；感到受到羞辱的李连杰愤而起身，走到门口时，他突然意识到自己不能意气用事，这部片子可能就是他证明自己价值的最好机会；没想到对方见他重新坐下时，再次压低了片酬，只答应给50万美元，李连杰无奈地答应下来。他心里清楚，这部电影的片酬除了支付经济人、服务团队的费用外，就所剩无几了。但也正是这部《致命武器4》的上映，让李连杰在美国一炮而红，片酬一路攀升。李连杰在电影中展示出的扎实武术功底和王者之气，连硬汉梅尔·吉布森都感到害怕和不可思议。

印尼海啸侥幸脱险的李连杰对人生有了更透彻的感悟。历经事业的多重磨难和生命中的云卷云舒，他感觉人生就像股票一样起起伏伏。李连杰开始把更多的注意力投入人文关怀上。他通过中国红十字会李连杰壹基金开始致力于慈善事业。2008年4月，摘得金像奖的李连杰说出的话让所有在场的人感动和吃惊：金像奖影帝对我来说一点也不重要，现在我视壹基金为我的生命。他利用自身的优势吸引到百位明星加盟成为永久义工，开创了电影产业链和慈善捐赠相结合的模式。

汶川地震后，李连杰不仅立即发动壹基金捐款，还亲自运送救灾物资到灾区，地震后仅三天时间就筹集近3000万元善款。在灾区李连杰连日辛劳奔波，睡眠不足，满嘴起了小水疱，但他毫不叫苦，为了腾出更多精力，帮助灾区人们，李连杰更是做出了一个惊人的决定：2008年推掉所有片约，完全息影。

目前，李连杰早已成为亚洲片酬最贵的演员之一。在电影《投名状》中，据说，他的片酬是一亿元。2007年，李连杰主演的三部电影《投名状》《功夫之王》《木乃伊》等，拿到了约四亿元的片酬。他宣布息影，令外界震惊和哗然。以他每年最少拍一部电影片酬一亿元计算，此举令他最少损失一亿元。

有记者将壹基金与李连杰画等号，李连杰反复声明，这不是他的个人行动，他仅仅是壹基金的一个代表。

从功夫巨星到一个心怀慈悲、心态平和的慈善家，李连杰虽然在一年当中损失了一亿元的片酬，但他却赢得了十几亿甚至是几十亿人的拥戴和尊重，他被网民评为当之无愧的"中华英雄"。

点　评

　　侠之大者，为国为民。李连杰获得亿万中国人的尊重，不是因为高强的功夫和精湛的演技，而是慈悲的心肠、济世的善业。作家抓住了李连杰最夺目的闪光点——"人性"，所以写出的文章余味无穷。郭沫若评价《聊斋志异》时说"写鬼写妖高人一等，刺贪刺虐入木三分"，便是因为蒲松龄写作时抓住了人物的亮点，集中笔墨刻画人性。

向凶手伸出援手

那一天白天，他感觉和以往并没有什么不同。

作为一名出租车司机，他的工作非常辛苦。已经午夜1点半了，他还在一所中学附近揽活儿。

终于等来了一名乘客，是一个小伙子，他说要去长途汽车东站，听口音是外地人。

一路上，小伙子始终沉默不语，因听不太懂他的口音，他打消了和小伙子聊天以度过寂寞长夜的念头。

出租车到了长途汽车东站，他把车停了下来。小伙子却开了口：我要去的地方是汽车总站，刚才，你听错了。他不得不掉转车头向汽车总站驶去。

时间到了午夜两点，他将车开到了汽车总站。正当他等着坐在副驾驶座位上的小伙子掏钱时，意外突然间发生了！

小伙子掏出的不是钞票，竟是一把明晃晃的20厘米长的刀子。

"别动！"话音未落，还没等他反应过来，小伙子已经举起刀子在他右胸上连捅了两刀。

他意识到遇到劫匪了。当时，他只有一个念头，决不能让歹徒得逞。当歹徒第三刀猛扎过来的时候，他下意识地抬手遮挡，刀子正好扎在他的手心。顾不得疼痛，他顺势用右手握住了锋利的刀刃，左手则狠狠抓住了歹徒紧握刀柄的右手。扭打中，他将刀子夺了过来，扔到了车后座上。歹徒见刀子被夺，穷凶极恶之下，用双手死死掐住他的脖子……混战中，他摸索着找到门把手，猛地抽身退出车来。歹徒被他这么用力一带，由于惯性的作用，脑袋正冲着他。为了制止歹徒的疯狂行为，他趁势抬起脚，对着歹徒的脑袋踹了过去……刚才还气焰嚣张的歹徒刹那间像霜打的茄子一般瘫软在座位上，动弹不得。

他迅速报案，110民警赶到了现场，将两人送进了医院。经医生诊断：他腋下及胸右侧有两处约5厘米长的刀口，所幸不深，没有贯穿造成气胸等更为严重的后果；双手手掌上有多处刀伤，尤其是右手大拇指，几乎连根断开，肌腱、神经等多处被割裂，关节囊破损，好在经过近4小时的手术已被修复，还需要恢复治疗。

凶手身上也多处受伤，左手腕部肌腱及正中神经断裂，左侧太阳穴上有一处4厘米长的刀口。

当得知凶手住院需要交押金时，他的妻子虽然心疼受伤的丈夫，但还是当场就拿出了1000元钱，让院方给其治疗。在场的人都被深深地震撼与感动了！

他临危不惧勇擒歹徒的行为得到了大家的交口称赞，他们夫妇救助伤害自己的凶手的义行更是令人们由衷地钦佩！可以想见，他们以德报怨的行为，在救治凶手身体伤痛的同时，也将会拯救一个罪恶的灵魂！

点 评

　　故事的情节有些惊心动魄，结尾的转折更是给人震撼。这是本文的成功之处。作者没有满足于描写司机与凶手搏斗的场景，更着力于凶手受伤之后，司机家人参与一并救治。此时，没有凶手与受害者，有的只是两个病人。本文充满了人道主义关怀，这是文章的主题高度，是一篇好作文的魂魄。

不穿白衣的天使

作家心语：穿白衣的未必是天使，而世间的天使，并没有长着翅膀。

　　卡瓦达斯是西班牙人，他在西班牙当地的一家医院工作，热情、执着而又充满活力，同事和病人们都很喜欢这个阳光、善良的男人。

　　卡瓦达斯是个不甘寂寞的人，他利用假期先后到达世界许多地方学习和实践，以此来提高自己的医术、丰富自己的人生。有一年的夏天，卡瓦达斯和几名同事一起从西班牙的巴拉哈斯乘飞机飞往肯尼亚首都内罗毕，没想到走错了路，他们阴差阳错地来到了奔戈马和马萨比特等地，还意外发现了一个需要紧急医疗救助的村庄。也正是这次"误入歧途"，所闻所见深深触动了卡瓦达斯那颗善良、柔软、敏感的心，使他从此踏上了为非洲穷人进行免费手术的阳光之旅。

　　卡瓦达斯为此专门成立了为非洲穷人免费手术的基金会。基金会的活动经费99%靠卡瓦达斯每年的手术收入，以及他当建筑师的弟弟妹妹进行房地产开发的利润来维持，只有1%来自捐款。基金会每年都会到非洲提供外科服务，从2007年开始，服务量比往年增加一倍，路费、手术费和当地人的培训费用都是一笔很大的开支。在费用最紧张的时候，他甚至卖掉了自己心爱的跑车。

　　卡瓦达斯将赚来的钱都用到到非洲施行免费手术上，夏天他前往肯尼亚，冬天去乌干达。事实上，在非洲忙碌、穿梭处处播撒阳光的他并不喜欢穿白大褂。

爱心几乎是人人都有的，但付诸行动则需要无所畏惧的勇气和持之以恒的决心。卡瓦达斯这样评价自己的行为：人需要很大的勇气才能做这样的事，我为什么要这么做？因为我有知难而上的个性，而且在这样的工作中，我充分体会到了生活的乐趣。卡瓦达斯用自己的善行告诉我们：爱心不是仅仅停留在唇齿之间，它需要我们全力以赴地去行动！

点评

　　爱是靠行动做出来的，不是说出来的。爱是飞奔于肯尼亚和乌干达上空的飞机，爱是卖掉跑车换来的手术经费，爱是每年在贫困地区翱翔的身影，爱是病人康复的笑容。不穿白衣，却因人性而有了天使的神光；不做演讲，却因行动而有了号召的力量。作家选择一位典型人物，反映了慈善医生的平凡与伟大。我们在写作时，选择一个典型的描写对象，文章就会具有代表性。

豁达的高度

1968年，美国的"阿波罗"8号载人飞船首次拍下了地球的"全身照"。

参加过"阿波罗"8号飞行计划的宇航员比尔·安德斯说："我们居住的地球只是宇宙中微不足道的银河系里的一个小小星球，她是人类的家园。我常常想，我们人类还在为了石油和边界而争战，这真让人觉得丢脸。"安德斯拍摄的地球照片已成为经典。

参加过"阿波罗"8号和"阿波罗"13号飞行计划的宇航员吉姆·洛弗尔说："从24万英里外遥望地球，那一瞬，你会觉得我们人类是多么的渺小，多么的脆弱，我们能享受阳光，有树有水是多么的幸运。很多人以为他们所拥有的一切是理所当然的，不加以珍惜。然而，失去了才知道宝贵。"

伊朗裔美国人阿努什·安萨里2006年进入国际空间站，成为世界首位太空女游客。她说："从太空看地球，她的壮观美丽不禁令我热泪盈眶。遥望地球，你会发现她没有边界，没能民族或种族之分，你的看法就会完全改变，你想到的不会是你的家或者你的国家，你放眼看到的是整个人类的家园——地球。"

当然，并不是每个人都有机会从万里之外遥望地球，所以我们似乎就有了斤斤计较的理由，但如果我们能够借此审视自己的言行，就会发现，很多时候，我们的愤怒与不满，源自目光短浅，过分注意眼前的利益。这种狭隘的心理，造成了无数大大小小两败俱伤的纷争。而如果抛开名利的圈子看问题，就能够认识到，我们的忧虑与烦恼都是庸人自扰，很多的争斗看起来是既愚蠢又可笑，而眼前拥有的一切是多么的难得与珍贵！

点　评

　　当一个人站在一定的高度，视野也会随之开阔。你的身体可以长得瘦弱，但一定要拥有一颗豁达的心和一副宽广的胸怀。凡事从高处看向远方，就会收获不一样的人生。对于考生而言，写作文也是如此。只有增加阅读量，才能站在写作的制高点上。

生命中的雨露和阳光

作家心语： 美德像阳光、空气一样不可或缺。

意大利电影《美丽人生》我看了不下五遍。每一次观看都会让我心潮澎湃、热泪盈眶。影片讲述了二战纳粹集中营中的一个感人故事。故事中的父亲其貌不扬，甚至看起来有一点滑稽。但他面对残酷人生始终保持乐观的人生态度，深深打动了每一名观众的心。他用善意的谎言把充斥血腥暴力的纳粹集中营变成了孩子的游乐园。故事的最后，他被纳粹德军押解枪毙时，还向躲在暗处少不更事的儿子扮鬼脸。在那一刻，相信每一名观众都会认定生命中最重要的就是乐观的生活态度。拥有了乐观积极的生活态度，就会为自己和周围的人营造出一个美丽的人生。

听朋友讲到过这样一个故事：战争中，一名士兵为了大部队的前进，脚踩雷区，被炸飞了双脚。部队首长亲自到军区医院看望他，并要把全军最高的荣誉勋章奖给他。这时他说话了：我是无意中踏入雷区的，我根本配不上这枚勋章。首长沉默良久：你此时诚实的勇气，甚至超过了踏入雷区的勇气，这枚勋章你受之无愧！那一刻，我和朋友认定生命中最重要的就是诚实。

去年的秋天，由于忙于工作，缺少锻炼，我病倒了。在头痛欲裂、呕吐得撕心裂肺的时候。我甚至有了愿意拿自己拥有的一切来交换健康的想法。当裹挟着药物的生理盐水静静地、源源不断地流入我体内，病痛一点点消退之时，我对生命中健康的重要性有了切身的、刻骨铭心的体会。

生命之于人生，就好比自然界之于草木。健康是我们赖以生长的阳光。乐观、诚实是滋润我们的雨露。有了雨露的滋润，生命之旅上就会处处开满鲜花，漫漫人生就会变得生动鲜活、绚烂多彩、充满希望！

点 评

乐观是始终如一的微笑，诚实是一以贯之的语言，健康是乘风破浪的桅船。三者缺一不可，如同草木赖以生长的阳光和雨露。作家通过三个事例分别阐述三者的重要性，最后得出"不可或缺"的结论。中学生写作时，可以参考这样的"分总"模式。

名贵的花儿

作家心语： 平凡的生活，最有滋有味。

　　一直就喜欢养花，但并不会养花。一来没有时间去看有关养花的书，对养花知识一无所知；二来因工作关系常常外出，根本就没有工夫精心侍弄花草；浇花也常常是饥一顿饱一顿，因此我家中的花必须是既耐旱又抗涝的，大浪淘沙下，家中余下的都是吊兰、月季、仙人球等普普通通的花花草草。最初朋友们到寒舍小聚，看到我家中没有一株名贵的花儿，便在下一次登门时陆续带来品种名贵的兰花等。但朋友们再次来家中聚会时，便会发现我家里的花儿仍是"老三样"，名贵的花儿已经变成枯枝败草，或不见踪迹。由此大家都知道我是不善养花的，也再也没有人送名贵的花草给我。

　　说实话，养名贵的花草，我感觉是一种负担，因此对名贵的花草我也是敬而远之的。但我骨子里是爱花的，尤其感觉院中养花可以养眼，室内养花可以净化空气，由此家中便摆满了这些不起眼儿的花草。在我的眼中和心里，它们都是名贵的花儿，在你不经意间，这些普通的花草都长得枝繁叶茂，甚至在某一天忽然绽放出美丽的花朵，送你一份馨香和惊喜，就像不期而遇的陌生人送你的一份温暖，一位普通朋友在你困难时伸出的援手，平淡相处的爱人刹那间带给你的一份感动……

点　评

　　本文看似在写养花，实际是在借物明志。作者追求的是一种宁静淡泊的生活。富贵不一定能够带来快乐。适当克制自己的欲望，不为繁杂的生活所累。其实生活就是这样，越简单越快乐。

尊重来自感同身受

作家心语：没有真正的尊重，就没有真正的平等。

到一家单位办事，进去时没看到门卫。出来时却因为没有登记而被保安挡在门内。和我遭遇同样情况的还有一对母女。我们要求保安打开电动大门，让我们出去。保安却质问我们："大门一直是关着的，你们是怎么进来的？"我们异口同声地解释，我们来时，大门是敞开的，也没有看到他。保安却勃然大怒："你们的意思是说我擅离工作岗位？我一步也没离开过这里。现在你们想出去，就从大门上边爬出去吧！"在那一刻我从这个保安身上感受到了"文革"的遗风，我冷眼看他能够僵持到什么时候。那位母亲是个胆小的人，上前哀求保安开门，她只有十多岁的女儿已经吓得哭出声来。保安感受到了自己的能量，越发来劲，拒不开门。我指责他道："如果你再不开门，我将打110报警。"在我掏出手机的同时，保安迅速点了一下电动大门的按钮，大门只闪开了不到半米的空儿。"已经给你们面子了，要走抓紧走！"他有些不耐烦地说。小女孩赶紧跑了出去，她的母亲身材有些胖，看着窄窄的门缝，有些为难。最后她无奈地斜侧着身子，硬是挤了出去。对于保安"恩赐"的这样的待遇，我非常愤怒。我转身返回这家单位的办公大楼。保安在身后喊道："你为什么不走？"我没有理他，继续向楼梯走去。显然是怕我到他们单位的领导面前告他的状。在我一脚踏上楼梯时，听到了身后电动门的开启声。我返身看也不看那个保安一眼，昂首挺胸走了出去。门口看热闹的人群中响起了一阵掌声。

这次经历，使我想起曾经看到过的一则外国故事。在刚果共和国首都布拉柴维尔举行的泛非音乐节上，组织者把参加音乐节表演的其他所有音乐家都安排住进了宾馆，而把俾格米音乐家安排住在动物园里。"俾格米人"这个称谓是由欧洲探险者提出的，指生活在非洲中部的许多部族，这个部族的成年人身高不到1.5米，被称为"小矮人"。住在动物园里的俾格米人搭起的帐篷成了吸引好奇游客的景点。这22名俾格米人的处境引发了刚果人权团体的愤怒。

音乐节组织者解释说，因为俾格米人通常住在森林中，组织者希望为其创造一个自然的生活环境，所以让他们住在树木繁茂的动物园里。但在抗议声中，组织者还是为这些俾格米音乐家在当地一所学校重新安排了住处。

其实世间许多的矛盾和不平等都是人为造成的，这源自一些人思维中莫名其妙极其可笑的优越感，嘴上虽然挂着博爱、平等，心中却藏着傲慢和不屑，甚至在行动上时时想利用自己手中的权力制约别人。有时候过分强调他人的不同，就是一种歧视，就是在践行着不平等，因为尊重来自心灵深处的无私，尊重来自感同身受对平等的追求和渴望。

点 评

总有一些人，有一点权力，就想着把这点权力无限放大，用来"整人"，并以此来显示自己的存在。不尊重别人其实就是不尊重自己。在这个以人为本的社会中，平等的理念应该不仅仅停留在嘴上，要深深根植于每个人的内心深处。只有这样，社会才能实现真正的和谐。

一句玩笑话

作家心语：素质的差距，不是钱财可以弥补的。

一位外地的同学打电话给我，说他有一位朋友想让我帮忙购进一批银杏叶。我所居住的小城是全国著名的银杏之乡，田野里、道路旁都有姿态优美的银杏树。由于长得像小扇子似的银杏叶具有药用价值，可入药、制作茶叶、当枕芯，一时价格一路飙升、供不应求，即使是本地人也很难搞到。同学对我是一点也不客气，没等我应允，就用一种不容推诿的口气说，他的朋友已经动身，明天就到我这里。

恰巧我的一位远房亲戚近几年来就做银杏方面的生意，我拨打了他的电话，他回答我，现在银杏叶是有价无市，但因为是我的事，所以他愿意帮忙。一句话，让我非常感激。

同学的朋友一看就是位暴发户，脖子、手腕、手指上都金光闪闪，听到我告诉他有人愿意帮忙时，他很高兴，张口就要在全城最好的酒店请我和亲戚吃饭，以表谢意。

亲戚也没有客气，叫上他几个生意上的伙伴前来赴宴，酒桌上觥筹交错，交谈甚欢，气氛热烈。为我们倒酒的服务员是一个十七八岁的女孩，长相清纯可爱，非常爱笑，一笑就露出两颗小虎牙，那种笑容美好而无邪，有一种女学生的气息。一问，果然是刚考上南方一所名牌大学的学生，现在是利用暑假期间到酒店打工，挣些学费，同时增加一些社会阅历。女孩热情洋溢、快乐的笑容很有感染力，她让我们想起了自己的妹妹或是女儿，大家都笑意盈盈，开心写在脸上。

在女孩给"暴发户"倒酒的时候，可能是酒喝多了的缘故，他突然和女孩讲了一句黄色笑话。女孩一下子怔住了，笑容僵在脸上，然后脸腾地红了，转身向外跑去。"暴发户"满不在乎地"哈哈"笑了两声，看到大家都沉默不语，他有些尴尬。女孩再来倒酒时，我看到她的脸上有泪痕。接下来的气氛似乎一下子沉寂下来，草草收场后，我们一行人从酒店里出来时，听到了角落里传来一阵很压抑的"嘤嘤"抽泣声，大家都没敢回头，匆匆离去……

第二天，"暴发户"到我办公室询问收购银杏叶事宜，我按下办公室座机的免提键，给那位亲戚打电话。过了好久，亲戚才接听了电话：你那位朋友的忙我帮不上了！他是一个浑蛋，你让他赶紧离开这里，否则我见他一次打一次！

"暴发户"的脸一阵红一阵白，他讪讪地和我说了句客套话，就狼狈离去。我看到窗外的丝瓜花开得正艳，让我不由得想起了那个女孩的灿烂笑容。

★ 点　评

良言一句三冬暖，恶语伤人六月寒。"暴发户"的污言秽语不仅伤害了无辜的女孩儿，更暴露了人所不齿的低劣素质。言辞是行动的影子，我们讲话需要三思。一篇文章有意"制造矛盾"才能变得有起伏，"文似看山不喜平"。作家通过讲述暴发户和女孩儿之间的矛盾，使文章的情节变得生动起来。

与野兽为伍

作家心语：如果在与人相处上，以心换心，就会收获许多友情。

　　凯文是一名驯兽师，他整日混迹于非洲最令人恐惧的狮群、鬣狗中，与猛兽耳鬓厮磨、亲密无间，出入狮子、鬣狗的住所于他而言，就像是走亲戚般那样平常、简单。

　　只要他进入狮子、鬣狗群中，狮子、鬣狗都会与他打闹、嬉戏，这些凶残的动物已经把他视为同类。狮子是兽中之王，鬣狗具有动物界最坚硬有力的下巴。在狮子、鬣狗群中等级分明，最瘦弱的狮子、鬣狗就成了被同类欺凌的对象，而于与猛兽力量悬殊的凯文而言，狮子、鬣狗既视他为亲密的伙伴，又对他充满了敬畏，凯文在这些猛兽中的地位就像是真正的王者一样。母狮、母鬣狗在哺乳期间，性情非常残暴、敏感，不允许任何动物哪怕是同类伙伴的靠近。但令人称奇的是，凯文一样可以接近这些母亲而不会遭到攻击。母狮甚至会用嘴把幼崽叼到凯文身边让他触摸……

　　凯文的这种特殊才能引起了人们的注意，有人想拍摄鬣狗从轿车车窗内探出头的镜头，在凯文的指挥下，鬣狗非常听话，很顺利地完成了拍摄。有人想拍摄狮子在水中游泳的珍贵镜头。众所周知，狮子平时非常怕水，但在凯文的引导下，狮子竟然和凯文在水中游起泳来……

　　与野兽为伍，带给凯文的不仅是快乐，而且也有心痛。一头母狮产下了四头幼狮，但它竟然残忍地杀死了自己一个最弱小的孩子，并且不愿给剩下的三头幼崽喂奶，幼狮的健康出现了严重的问题。凯文利用母狮对他的信任，把那三头幼狮带离了母亲的身边，自己亲手喂养。这个背叛的举动彻底惹恼了母狮，它从此不允许凯文靠近它。这一度令凯文非常苦恼和沮丧。但他告诫自己：与其陷入痛苦中不能自拔，不如好好地照顾好这三头幼狮。在凯文的精心照料下，长到半大的幼狮终于又回到了狮群中，那头一度对凯文产生敌意的母狮终于与他握手言欢了。

凯文能够与猛兽成为朋友，并且能够读懂它们的行为语言，看起来的确不可思议。凯文的秘诀就是放松、自信和尊重。他把野兽看作是与自己平等的朋友，从而赢得了这份弥足珍贵的信任和友情。

★ **点　评**

　　友情是灵魂的结合，是心照不宣的契约。凯文以心换心，得到了动物的尊重。我们如果在社会中也能给予他人充分的尊重，则必将结交一群真诚的朋友。作家写的是人与动物的感情，传达的却是这个道德面临危机的社会最缺乏的品质——信任。学生写作时也可以从自然万物着手，反映一些社会问题和情感道德问题。

心灵的救赎

作家心语：救治伤害她的孩子，不仅因为有一颗慈悲心，更因为她是一位母亲。

她是一个乐天知命的人，为人宽厚仁慈。在学校她是一位好教师，在家中她是一位好母亲。

从教师的岗位上退下来以后，空闲时间一下子多了起来。热爱生活、富有生活情趣的她并没有让自己的身体闲下来，而是积极投身到各种健身活动中。冬泳是她最喜爱的健身项目之一，在退休以前她就经常参与冬泳运动，至今已坚持多年。实际上冬泳是一项非常考验人勇气和耐力的运动，一般人只敢"临渊羡鱼"，并不敢真正投身于其中。而她却乐此不疲！也正是这项考验毅力的冬泳运动，赋予了她健壮的体魄和坚强品质。

一个初春的上午，天高云淡，外出归来的她，走到四楼刚刚打开自己的房门。意外突然发生了，有人从背后用力搂住她的脖子，用一把刀子顶住她的腰，把她推搡进屋里。她紧张万分，知道遇上了坏人，情急之下，出于本能，她大声呼救。面对她的呼救声，歹徒惊慌失措，受到惊吓的歹徒为了制止她的呼喊，一下子把她摁倒在地，挥舞着手中的刀子向她的头部、颈部刺去……

在这生死关头，求生的本能激发了她无穷的潜力，加上她常年锻炼身体，身体素质良好的她与歹徒展开了殊死搏斗。在争斗过程中，歹徒右手被刺伤了，在紧张的相持中，她的头脑清醒下来，她请求歹徒：你只要不杀我，家里的东西你要什么都可以。在搏斗中，手持刀具都没有占到任何便宜的歹徒被迫同意了。在家中翻箱倒柜，只找到了100元钱，眼见自己费了那么大力气只得到这么点回报时，歹徒恼羞成怒，刚刚放下屠刀的他再次举起刀子向她身上刺去。幸亏三月的春天，乍暖还寒，她穿着厚厚的棉衣，刀子扎下去并没有伤到她，刀柄反而被折断了。两人再次扭打在一起。此时，体力耗尽、精神极度紧张的歹徒彻底崩溃了。他停止了行凶，恳求她杀了他，一了百了。面对情况的转机，她紧张不安的心情平静下来，看着歹徒年轻、稚嫩、充满绝望的脸庞，母性促使她想挽救这个步入歧途的孩子。她动情地劝慰歹徒：你的年龄和我儿子差不多，父母把你养大不容易，有什么困难我可以帮你，干吗要做这种事？歹徒怎么也难以相信，这位他刚刚伤害过的老人会对他如此宽容，受到触动的他哽咽着叫了一声"妈"！泪如雨下……

为了及时救治受伤的歹徒，她拨打了120急救电话。而此时歹徒已瘫软在地，双腿已无力站立，她搀扶着这个"迷途羔羊"到了医院，自称受伤歹徒是她的干儿子。直到有群众报案，她才讲出了实情。

她的行为在当地引起了极大的争论，反对者认为她是新时代的"东郭先生"，善恶不分。但社会上传来的更多的是褒扬声。对此，她这样解释：我没有告诉别人他是歹徒，是怕他走不到医院就会被人打死，他犯了错误，必须受到法律的惩罚……我当了多年老师，对待犯错的孩子，最好的方式就是用行为去感化他。

在面临生死威胁、身心受到巨大伤害的情况下，她依然能够去眷顾一个扭曲的灵魂，这种以德报怨的善行很可能会挽救一个罪恶的心灵。因为救赎远比棒喝更有力量，宽恕比痛恨更能温暖人心。

点 评

　　在面临生死威胁、身心受到巨大伤害的情况下，她依然能够去眷顾一个扭曲的灵魂，这种以德报怨的善行很可能会挽救一个罪恶的心灵。只因为她是一个母亲，还是一名退休教师。她的善行因为引起争议，反而更容易被作为阅读理解题，让考生根据自己的理解，来表达个人对这种行为的看法和观点。

爱的篝火

作家心语：世界因为有了爱，才变得美好而又温暖。

圣诞节，汪霖收到了一张来自美国的贺卡。看着这张精美的贺卡，他不由得想起坚强、可爱的小凯丽和她伟大的养父母。

琳达和欧文是一对美国夫妇，他们都有着体面的工作，琳达是一名令人尊敬的律师，欧文是一位成功的商人，他们的生活富裕、舒适而又从容。

几年前的一天，琳达和欧文商议决定领养一个孩子。不久，夫妇二人如愿以偿，从中国领养了一个女孩。女孩漂亮、可爱，长得像一位天使，琳达夫妇给她起了一个好听的名字——凯丽。

琳达夫妇视凯丽为掌上明珠，每天深夜，夫妇二人听到一点动静，都会到隔壁探望他们的小天使睡得是否踏实。望着熟睡中凯丽粉嫩的小脸蛋，幸福仿佛昙花一样从心底瞬间绽放……

凯丽成为这个家庭的快乐催化剂，夫妇二人不论工作多忙，或是在工作中遇到什么棘手的问题，看到凯丽后，所有的忧虑都会无影无踪，一向严肃的欧文会扮出种种鬼脸，引逗得凯丽"咯咯"直笑，而女儿的笑声也会在刹那间点燃两个大人爽朗的笑声……

转眼间，凯丽到了上学年龄，有一段时间，凯丽经常发高烧。经过医生诊断，结果令人震惊，小凯丽竟然得了白血病。琳达夫妇陷入了巨大的悲痛中。即使在美国，治疗白血病也是一笔昂贵的花费。为此，琳达夫妇不惜卖掉了豪宅，在全国最好的医院请来最好的医生为小凯丽治病。医生认为必须尽快找到合适的骨髓配型进行移植，否则小凯丽的病情将会持续恶化。但令人忧虑的是，一时难以找到合适的骨髓捐献者。

为此，走投无路的琳达夫妇再次来到了中国，为小凯丽寻求合适的骨髓配型，并求助到了中华骨髓库。中华骨髓库的工作人员深为琳达夫妇为与他们没有血缘关系的凯丽的付出而震撼，表示将全力帮助凯丽寻找合适的骨髓捐献者。琳达夫妇的心中重新燃起了希望。中华骨髓库的工作人员们千方百计为小凯丽寻觅合适的捐献者，但结果令人遗憾，在50多万名骨髓自愿捐献者中，没有一位捐献者的骨髓配型和小凯丽吻合。

失望而归的琳达夫妇重新置身于无边的黑暗中，一直蒙在鼓里的小凯丽似乎也对自己的病情有所察觉。一天正在玩儿玩具的她突然安静下来，对琳达说：妈妈，如果有一天我到了天堂，我会想你的！琳达一把抱紧了这个可爱又可怜的孩子，泪如雨下。为了更好地照顾凯丽，尽量多地陪伴在这个命运多舛的孩子身边，琳达不惜辞掉了收入丰厚的律师工作，欧文也推掉了一大部分生意。而凯丽在美国的同学也都自发地做了许多卡通图片送给凯丽，卡片上写着"凯丽，我们爱你"一类的话，以此来鼓励凯丽战胜病魔，尽快回到同学们中间。

由于长时间找不到合适的骨髓捐献者，无法做骨髓移植手术的凯丽病情越来越严重。

即使在这种情况下，琳达夫妇也没有停止对凯丽生命挽救的脚步，夫妇二人专门为女儿建成了一个网站，呼吁寻求捐助者，小凯丽的命运一下子牵动了世界各地有爱心的人，加拿大、韩国、美国、中国等国家的一些人纷纷站出来表达了想为凯丽捐献骨髓的愿望，但就是没有发现合适的骨髓配型。

三年的等待，并没有等来合适的捐献者。所有的希望都像肥皂泡一样破灭，此时的凯丽已经命悬一线。

　　这时，从中国突然传来了好消息，一直没有停止为凯丽寻找骨髓配型的中华骨髓库，一下子为小凯丽找到了三位骨髓相符合的捐献者。

　　得知这一消息，一直郁郁寡欢的琳达失声尖叫，泪流不止。欧文、凯丽身边的医生、护士都哭了！是啊，多年的寻觅、煎熬与等待，才终于为凯丽捡到了这棵救命稻草。而琳达夫妇更是对这突然降临的喜讯半信半疑，害怕这只是一场梦。

　　一个月后，当夫妇二人第三次来到中国时，才确信眼前发生的一切是真实的。琳达夫妇欣喜地得知，这三位捐献者中，其中一位的骨髓五项和凯丽全都配上了型。唯一让人意外的是，这位名叫汪霖的捐献者的妻子即将分娩，这使沉浸在喜悦中的琳达夫妇再次揪紧了心，夫妇二人心情沉重，害怕移植手术不能正常进行。是啊，捐助人的妻子生孩子也是大事，在这样的关键时刻，怎么能要求人家撇开妻子，做移植手术呢？在小心翼翼征求汪霖的意见时，这位热血青年义无反顾地说：救人要紧，生孩子是我妻子生，又不是我生，有医生照顾她，我很放心！并且连夜起程从外地赶到北京。凯丽的医生也亲自从美国来到了北京，把汪霖捐献的造血干细胞带到了美国，并马上为凯丽进行了移植手术，结果手术获得圆满成功，凯丽得救了！不久，身体康复的小凯丽重新回到了学校，和小伙伴们快乐地生活在了一起。

　　琳达夫妇非常感谢中国人民，感激那位重新赋予女儿生命的捐献者。见到那位救命恩人，成为一家三口的共同心愿。当年的圣诞节，在中华骨髓库的安排下，琳达一家三口和骨髓捐献者汪霖见了面，当健康、快乐、漂亮的小凯丽跑到汪霖面前时，汪霖激动得泪如泉涌，在场的人都流出了幸福的泪水。

　　是的，小凯丽是不幸的，幼年就离开了父母的怀抱，童年又身患白血病；可是，小凯丽又足够幸运，她遇到富有爱心的琳达夫妇和千千万万关心她的人。当她生命垂危，生命之火在黑暗中行将熄灭时，无数的人把用真爱点燃的火把送到了她的身边，促使她的生命得以继续熊熊燃烧！

点 评

　　"如果有一天我到了天堂，我会想你的。"——世间最美的就是孩子天真的话语，最可贵的就是陌生人无私的帮助。当两者宛若晨星交汇在同一片天空时，小凯丽在垂危之际收获了生命的奇迹。这篇文章也仿佛"爱的篝火"，继续传递下去，感动着千千万万的读者。写文章要传达正能量，抒发乐观向上的情感，赞扬仁义礼智的善举。

陌生人也值得信任

作家心语：信任是友情的开始，也是人际交往的基石。

最近听到这样一则故事，一位国内记者在美国的商店购物，付款时，他把一些硬币交给收银员时，收银员接过硬币后问他："你数过了吗？"当得到他肯定的答复后，收银员直接把这把硬币放到了钱箱里。

这位国内记者感到很惊奇："你为什么不数一下？"收银员笑了："你不是已经数过了吗？"

"可是你并没有数啊？"

"你数过就行了，我相信你！"

还有一次，这位国内记者到一家博物馆参观。出门时外面下起了雨。博物馆的门口摆放了许多供顾客使用的雨伞，但要求使用后必须归还。他再次不解地询问工作人员："你凭什么相信我们会还伞？"工作人员的表情显得比他还要惊奇："我凭什么不相信你们呢？！"

两次得到陌生人的信任，令这位国内记者唏嘘不已，大为感动。为了回报这份信任，在以后到商店购物需要用硬币付款时，他都会格外认真地数硬币，唯恐出错，辜负了这份信任；借了雨伞，雨停后马上就去归还人家，不敢有一点耽搁！

在美国，信任感之所以会广泛产生于陌生人之间，就在于失信的代价是非常高昂的，由于任何在美国合法居住的人都有信用记录，如果某人对他人撒了一次谎，那他将终生得不到别人的信任。信用记录不佳的人，将直接影响到求职、从银行贷款等，生存将会变得举步维艰。所以人们不愿为了骗取一粒芝麻而丢了西瓜。

我有两位经商的朋友，一位生性多疑，一位憨厚质朴，两人在一条街上做的是同一种买卖。在开始的阶段，两人的生意差不了多少。有一年，一位南方的客户到他们这条街道进货。途中遭窃，导致货款无法一次性结清，所以没有人愿意把货赊给这个陌生的外地人。他找到我的第一位朋友，这位朋友担心日后要账困难，婉拒了他。无奈之下，这位南方的客户准备打道回府，并在心中发誓再也不和这条街道上的人做生意。这时候，我的第二位朋友拍了拍他的肩膀，这位朋友不仅给他装了货，而且送了一些路费给他。把这位身在异乡的大男人感动得热泪盈眶："你怎么会这样信任我？"

"我知道你的公司，你的公司很有名！一个不讲诚信的人是不可能把公司做这么大的！"

回去后，这位南方商人立即把所欠的货款和路费打到了第二位朋友的账上，并且在以后，只和这位心地质朴的朋友做生意。这位朋友的生意渐渐成了这条街道上最红火的。

由此可见，你信任了一位陌生人，别人也不会辜负你对他的信任，同时你将赢得别人更多的信任。信任是人生每天必经路边的树，你栽下的信任的树苗越多，别人都会为其浇水施肥，枝叶繁茂之时，大家都将会被笼罩在互信的氛围之下，相互信任会令每一个人的心情都变得怡然轻松，人际关系也将变得简单而又和谐！

★ 点 评

无论是熟人还是陌生人，在人与人的交往中，诚信是一种非常可贵的品质，李嘉诚说过一句话："你必须以诚待人，别人才会以诚相待。"很朴实的一句话，道出了人与人之间要相互信任、坦诚相待。中学生写作文需像本文一样，少说空话套话，多列举一些实例来增强文字的说服力。

生命，在停止后延续

作家心语： 她是一只白蝴蝶，在人世间翩飞。

女孩长得文静，实际在看似温柔安静的外表下，掩藏着一颗热烈而又执着的心。

她自懂事起就立志长大后要做一名护士，像所有那个年龄段的女孩子一样，她整日沉浸在对未来的憧憬中。因为在她眼里，白蝴蝶一样翩飞于病房间，为患者解除痛苦的护士就是上天派来的天使，在从事天底下一项最神圣的工作。

她把自己的理想告诉了母亲，母亲笑了："孩子，护士的确是一项伟大、神圣的工作，妈妈支持你。但你要知道，当护士是很辛苦的，每天忙忙碌碌不说，还可能面临病菌的侵害、患者及其家属的误解……"

"妈妈，您所说的那些困难和危险我都不在乎。请您相信，我会成为一名优秀的护士的。我要尽力去挽救天下所有受病痛折磨的人！"

母亲抚摸着女孩的秀发："傻孩子，世界上需要救治的人太多了，你一个人是救不过来的！"

"那我就一个一个地救，就像以前我在海水退潮后逐个救起滞留在海滩上的小鱼那样。是的，这样想和这样做都有点傻，你再努力也挽救不了海滩上所有的鱼和所有的病人，但多救一个是一个，因为小鱼在乎，病人们更在乎！"

母亲被女儿的爱心深深感动了。

转眼间，女孩到了恋爱的年龄，她有了心爱的男友。男友也支持她做一名护士，女孩离护士职业更近了一步。

一切都是那么美好，生活像一朵美丽的月季花，在她面前慢慢绽放。

不幸是突然发生的，有一天，男朋友骑着摩托车带着她出了车祸。她的男友身受重伤，但没有生命危险。而坐在摩托车后座上的她，撞击使她的头部和肺部受了重伤，濒临死亡的边缘。

在医院里，医生们做出了最大的努力。三天后，医院宣布她脑死亡……

此刻，痛失爱女遭受沉重心理打击的女孩的母亲表现出了坚强的一面："我知道我的女儿活不了了。她自小就立志成为一名护士，就想为挽救他人的生命贡献自己的力量。那么，就让我们遵从她的遗愿，把她的器官移植给更加需要的人！"

这对母女是新加坡人，母亲叫萨尔蒂娜·阿卜杜勒·拉希姆，女儿叫西娅希达·赛义德。

西娅希达的心脏如今在一个患有心脏衰竭的50岁男子的胸腔里跳动。她的肝脏救了一名患有肝硬化的50岁的妇女，而她的肾脏救活了两名40岁的男子。女孩也成为新加坡首位捐献一个以上器官的穆斯林。她的母亲为生前立志成为护士的女儿"救了四个人"感到欣慰！

这个真实的故事，震撼了人们的心灵，让世人对生命的价值有了更深层次的认识。是的，一个人的生命只有一次。但如果拥有一颗博爱的心，爱就会在所有感动的心灵中流淌和传递！生命就可以在他人的身上得到延续！

人的生命恰似一首诗歌，其价值不在于短长，而在于对社会的贡献。西娅希达·赛义德"治病救人"的理想在她死后实现了，得到拯救的四个人也将把这份爱心的火种传递下去。真实的故事更加感人，新闻中的例子更具时效性。这篇文章启发我们：写作时选取真实、新鲜的素材，更能打动读者的心弦。

强者的眼泪

作家心语：眼泪不全属于弱者，强者的眼泪更让人动容。

2009年2月1日下午，澳大利亚网球公开赛男单决赛上演了一场巅峰对决，由世界排名第一的西班牙天才少年纳达尔对阵世界排名第二的瑞士天王费德勒。比赛进行得一波三折、非常艰苦。此前，纳达尔刚刚与同胞进行过5个多小时的鏖战，在与费德勒的第二盘较量中，体力上一度出现透支的情况；比纳达尔多休息一天的费德勒虽然爆发力出色，发球与反手截击技术几近完美，但一发成功率不高，在关键时刻的发球失误及耐力不佳，给了跑不死、打不死、防守能力超群的纳达尔以机会，最终纳达尔以3∶2的总比分艰难战胜大自己五岁的费德勒，首次捧起了澳网的男单桂冠，成为在红土、草地、硬地球场都捧起冠军奖杯的球员。而此战的失利，令费德勒追平美国球王桑普拉斯14座大满贯的愿望落空。

在随后进行的颁奖仪式上，一向优雅沉稳的费德勒一反常态，在发表亚军感言时，只讲了一句话就再也控制不住自己失望的情绪，他哽咽着低下头去，泪水夺眶而出。在看台上，他的女友也掩面而泣。在努力调整好自己的情绪后，费德勒坦言：对于失败，他一开始感到失落，然后是震惊，现在则是无比的悲伤，而忧伤又在大家的注目之下，让他无处躲藏。费德勒的真情告白赢得了全场观众的理解、同情和热烈掌声，这个在网坛叱咤风云如今泣不成声的男人令现场的许多观众流泪、动容。

足球场上的另一个场景同样令人印象深刻，在1994年的世界杯上，巴乔带领意大利队连克强敌，一举杀进了决赛。在点球大战中，巴乔最后一个出场，竟然罚失了点球！那一刻，巴乔呆立在罚点球处，低着头，眼中蓄满了泪水，落寞的背影尽收球迷眼中。那届世界杯，意大利队虽然失去了金杯，但悲情英雄巴乔却赢得了亿万观众的心。

影视明星中同样有这样令人伤感的镜头。凭借《北京人在纽约》一炮走红的演员王姬有一个智障孩子。在一个访谈节目中，她说，她希望自己像秦怡老师一样，能活得比自己的孩子长一些，这样孩子在其有生之年，就能够得到母亲很好的照顾，而自己在离世时就不会再有后顾之忧……话没说完，她已经潸然泪下。

伤痛是生活中最不受欢迎而又味道最重的调味品，它无法回避，有时也无处躲藏。强者的偶尔脆弱最能够打动人心，在流下泪水的刹那，没有人认为那是软弱，反而会令人更加强烈地感受到生活的真实和生命的坚强。

★ 点　评

眼泪不能稀释失败后的失落，也不能冲刷生活中的悲伤，但是，眼泪却能慰藉心灵受到打击的人。我们总是羡慕那些聚光灯下的强者，却不了解他们背后的哀伤；我们总是羡慕那些"学霸"，却不知道，他们为此流下了多少汗水。

一碗方便面，香飘i7年

作家心语：在这个世界上，每个人都要学会感恩。

少年的心总是既莽撞又充满豪情。那一年，张洪涛还是一名高中生，学业优异，但家境贫困。眼看着高考即将来临，他既充满了期待，又忧心忡忡。张洪涛担心的是即使他考上了大学，一贫如洗的家庭也支付不起高昂的学费。一念之下，他竟然不打招呼，怀揣一颗悲壮的心，独自一人南下，准备一边打工一边学习，应对人生中的第一次大考。

他想得很简单，以为南方遍地黄金；他计划得很完美，认为只要愿花力气，就可以挣足上大学的费用。张洪涛一路来到了西子湖畔，刚下火车，他就遭受了当头一棒，身上带的几十元钱，被车站里的几个痞子一抢而光。情急之下，为了填饱肚子，他开始四处找工作，但腿都走酸了，也没有找到一个可以落脚的地方。直到此时，他才意识到自己的幼稚，梦想像气球一样，被残酷的现实一捅而破。

在杭州转了一圈，四处碰壁的张洪涛只能饿着肚子又回到了起点——火车站。他多想坐车尽快回到贫寒但温暖如春的家中，但兜里没有买车票的钱。孤独无助感让他由失望变得绝望，肚子里"咕噜"作响拉着警报，几乎饿疯了的他只能不要尊严，去垃圾桶里捡拾烂苹果充饥……他最担心的是，自己一直在这里流浪下去，将最终失去参加高考的机会。

张洪涛在杭州车站候车大厅里苦苦寻找返程的机会。即使是这样，他也没有忘记高考，坚持看书。在杭州的第三天晚上，蓬头垢面的张洪涛捧着书看着看着，肚子里又开始"咕噜"作响起来，他眼巴巴地盯着车站旅客们吃着香喷喷的方便面，流下口水也浑然不觉。

这个流离失所的少年引起了一个三十出头的男子的注意。他叫周力荣，在候车大厅里开小卖部。周力荣是一个热心肠，平时在火车站遇到有困难的人，他经常伸出援手，救助他们。在了解到张洪涛的情况后，他马上泡了一碗方便面给这个饿坏了的孩子充饥，并给张洪涛找了一个暂时的住处。随即又给张洪涛的家里发了一封电报，让孩子的家长安心。周力荣像对待自己的孩子一样，盛情款待张洪涛，给他洗了澡，买了件新衬衫，送他上火车时，又硬塞给了张洪涛一百元钱。那个年代，一百元钱不是一个小数目，张洪涛不知如何感谢这位好心的叔叔。

回家的当年，张洪涛如愿考上了上学，他做的第一件事，就是写了一封长信告诉远在杭州的周叔叔。此时周力荣搬了家，很遗憾，这封报喜信，他没有收到。从此两人也失去了联系。

一晃十几年过去了，已经走上教师岗位的张洪涛始终对周叔叔念念不忘。为了找到昔日的恩人，他特地在网上申请了一个QQ号，网名就叫"找周力荣"，并专门让杭州的网友帮忙四处打探，但始终没有恩人的音信。不死心的张洪涛又尝试在杭州的论坛发帖，不久，令人惊喜的消息传来，在好心网友的帮助下，昔日的恩人——周力荣，终于找到了！

2012年春节过后，激动不已的张洪涛驾车携妻带子来到了杭州。见到周力荣的那一刻，两人紧紧拥抱在一起。泪水婆娑中，十七年的场景宛若重现，张洪涛仿佛又闻到了那碗热气腾腾的方便面的浓香……

点 评

　　世间唯一不败的投资，便是德行善举。周力荣的无私帮助，恍若漆黑夜晚里的指路明灯，虽然微光渺渺，却照亮了张洪涛脚下的崎岖之路。一碗方便面，一个温暖而感人的故事。谁没有在青春年少时做过莽撞的事情。故事中的主人公张洪涛与周力荣，也许就是一种缘分让他们在杭州城相遇，而17年后二人的重逢，又谱写了一曲人间好人一生平安的赞歌。

第3辑

一生都在奔跑

　　阿赫瓦里和雷德蒙德都没有在奥运会上夺取过任何奖牌，但他们所表现出的奥运精神远比奖牌更熠熠生辉。如今的阿赫瓦里生活在一个小村庄里，村里没有电视和电话，有人问他对自己的生活是否满意。他这样回答："我对生活毫无怨言，因为我永远在奔跑。"

为失言埋单

作家心语：言多必失，人在失意时，最好的选择是闭嘴。

2012年斯诺克世锦赛早已硝烟散尽，但世界台联一个多月后在其官方网站发布的两份处罚声明，再次让大家回忆起在克鲁斯堡发生的两个不愉快的场景。

在这次世锦赛上，中国的后起之秀曹宇鹏首轮对阵斯诺克界大名鼎鼎的马克·艾伦。原本在英国观众看来是一场实力悬殊的比赛，却进行得相当激烈胶着。比赛中，马克·艾伦手感不佳，状态全无，失误不断，曹宇鹏在取得5：4的领先后，便再也没有给马克·艾伦翻身的机会，最终以较大的优势淘汰了对手。失利后的马克·艾伦极度沮丧，在随后举行的发布会上，更是怨声载道，指责裁判偏袒曹宇鹏，声称在第十局的比赛中，曹宇鹏在一次击球时有一次明显的连击情况，裁判却视而不见，致使自己失去了追平比分，甚至反败为胜的机会。此后，他的言论越来越离谱，由攻击曹宇鹏，扩大到攻击所有中国选手，他认为违规连击球，是中国选手的通病。此言一出，立即引起轩然大波。世界台联主席对其不当的言论进行了呵斥，在舆论的压力下，自知失言的马克·艾伦不得不公开道歉。但世界台联表示仍将对其进行处罚。

有了前车之鉴，本以为其他选手会就此控制自己的言行。但在随后举行的另一场比赛中，丁俊晖却仍然没有管好自己的嘴巴。丁俊晖在与瑞恩·戴的比赛中，曾经占尽优势，但在比赛的后半程，突然熄火，并在决胜局中遗憾失利。被淘汰出局的丁俊晖脸色阴郁，一向沉稳的他在发布会上，竟突然发飙，面对记者，愤愤地指责球迷的喊叫声影响了自己的比赛状态，包括球迷在内，一切都很垃圾！

相对于马克·艾伦，世界台联、国内新闻媒体和观众对犯了错的丁俊晖相对宽容，世界台联官员更是表示，理解丁俊晖失利后的糟糕情绪，不会对他进行处罚。而丁俊晖的父亲对儿子的失言和比赛状态提出了严厉批评。他认为丁俊晖还是不够成熟，比赛环境嘈杂对所有的选手是一样的，作为选手，不能埋怨观众，不能为自己打不好比赛乱找借口。而丁俊晖似乎一直没有为自己的"粗口门"事件道歉，他知错不改的行为，让原本很多支持他的观众都大失所望！

本以为会躲过一劫的丁俊晖最终没有逃脱掉处罚。世界台联纪律委员会认为，马克·艾伦和丁俊晖在世锦赛的发布会上，违反了球员守则，没有做出和职业运动员身份相符并且正确的言行举止，因此决定给二人分别开出1000英镑和250英镑的罚单。

怒多横语，因此在沮丧、生气时千万不要乱说话，更不要把大众当作自己发泄的对象，否则只能"言多必失"，甚至让自己的形象一落千丈。

点　评

怒多横语，喜多狂言，一时偏激，过后羞惭。马克·艾伦和丁俊晖失言"获罪"的故事，警醒我们祸从口出，言必三思。本文虽然没有丰富的细节描写，却传达出了为人处世的醒世之声，这正是写作的要旨。

为公正较真

作家心语：公正是需要大众全力维护与争取的，没有了公正，信仰将会被颠覆。

埃里森·菲利克斯是一个26岁的美国女孩，她也是一位实力不俗的短跑选手。为了实现自己参加伦敦奥运会的梦想，她报名参加了美国田径奥运选拔赛女子200米和100米的比赛。

在200米的比赛中，菲利克斯如愿获得了奥运资格。争议出现在100米的赛道上。菲利克斯和师妹塔姆哈共同角逐这项比赛的奥运资格，前三名将顺利获得奥运资格。由于菲利克斯和塔姆哈实力接近，在冲向终点时，两人几乎同时撞线，比赛结束后，裁判判定，菲利克斯以0.0001秒的微弱劣势负于塔姆哈，获得100米比赛的第四名，失去了参加伦敦奥运会女子百米飞人大赛的资格。由于田径赛场上早就应用了高速摄像机，高科技的介入，让这项运动几乎失去了争议。面对这一结果，菲利克斯万分遗憾。

转机出现于美国田联的较真，经过反复长时间的复检，美国田联宣布，由于菲利克斯和塔姆哈在冲向终点线时，身体的躯干部分都被挥动的手臂遮挡，让裁判无法做出准确判断，最终改判两名选手并列第三名。如果是篮球比赛，打平了可以打加时赛；如果是足球比赛，90分钟，甚至是120分钟内不分高下，可以罚点球决胜负。这样的结果，意味着这对姐妹还要为一张奥运门票再次争夺。

为了保证最大的公平，美国田联最终想出了两套办法：加赛一场，或是掷硬币决胜，对于掷硬币的操作方法，专门做了严格的要求。两种办法由菲利克斯和师妹塔姆哈自由选择。如果意见不统一，只能重赛一场，来决定那张奥运门票的归属。经过慎重考虑，两位选手决定重赛。但不久后塔姆哈又反悔，推翻了先前的决定，拒绝重赛，拱手把百米奥运资格让与师姐菲利克斯。埃里森·菲利克斯将参加伦敦奥运会的女子200米和100米比赛。

塔姆哈拒绝重赛，这样的结果让人感到遗憾。但美国田联在这次争议中表现出的较真精神令人称道。世界上没有绝对的公平，但以此为借口，面对不公，表现得麻木不仁、无动于衷，则是令人无法原谅的。公正不是从来就有的，它需要大家竭尽全力，用执着的行动去争取，用坚韧的精神去维护。

点 评

一次撞线后几乎无争议的结局，却被执着于公平的美国田联重新改写。正如亚里士多德所说，即使全世界都毁灭了，公平是不能没有的。文章的叙述很巧妙：从平淡无奇的遗憾局面，到无风起浪的莫名转折，终止于出人意料的美好结局。巧妙的构思，是空洞无物的文章最需要的。

有本事的人没脾气

作家心语：性格决定命运，脾气的好坏体现了一个人的素质和修养。

本事大的人，脾气也大，通常人们都这么说，自己也这么想。一个平常几乎不发脾气的人，印象中这样的人应该是没有什么能力的庸才。本事大的人都需要别人照顾他的情绪，无能的人才会主动考虑去关照他人，我们耳闻目睹周边的人物不都是这样的吗？直到那天晚上观看了一个访谈节目，我才豁然开朗：哦，原来大人物也可以没有脾气，原来有本事的人善良起来，更能引起大家的尊重和爱戴。

那期谈话节目是主持人陈鲁豫采访蜚声海内外的国际著名导演吴宇森先生。吴宇森温软的话语、谦逊的风格令人很难把他与气势恢宏的《赤壁》《断箭》《变脸》《纵横四海》等脍炙人口的经典大片联系起来，一位才华横溢的世界顶级导演竟然如此和蔼可亲，没有一点架子，整个就是一个平易近人的小老头啊！

少年时代的吴宇森特别崇拜英雄，他心目中的英雄就像日本影星高仓健、饰演《佐罗》的法国影星阿兰·德龙一样，在表演上同样具有天赋的他希望自己在长大以后也能扮演英雄。但成人后的他个子不高，长得也不好看，他就决定让别人来代替他实现理想。在拍摄《英雄本色》时，他有意让大帅哥周润发戴上高仓健式的墨镜，穿上"佐罗"的风衣。周润发塑造的英雄形象立即深入人心，青年人争相效仿，大家纷纷抢购在香港很少有人穿的风衣，墨镜一周内竟然在香港脱销。

来到好莱坞的吴宇森同样出手不凡，一部《断箭》让他所推崇的暴力美学征服了美国观众，捧红了约翰·屈伏塔，令其片酬暴涨。在与吴宇森再度合作拍摄《变脸》时，约翰·屈伏塔的片酬已增至2000万美元。约翰·屈伏塔对吴宇森的提携不胜感激，坦言：拿着这么高的片酬，如果你不满意，让我拍30条也可以。而吴宇森笑着回答他：拍一条就足够了！他的坦诚赢得了演员的尊重，在双方的共同努力下，很多镜头都是一条即过，吴宇森也赢得"一条先生"的美誉。在好莱坞有个惯例，英雄是不能流眼泪的，但在《变脸》中，吴宇森让另一名主演美国当红巨星尼古拉斯·凯奇尝试做一名"流泪"的英雄。在拍摄的"流泪"和"不流泪"两个版本中，尼古拉斯·凯奇最终认可了"流泪"的英雄形象。在美国拍摄电影，工作人员的一次小失误就可以让你丢掉工作，马上就有另外一个人顶上去。而吴宇森非常理解工作人员的辛苦，对于工作人员偶然的失误，他会主动去承担责任：刚才是我没有表达清楚，责任在我。这样的结果既保住失误者的工作，又激励他在以后的工作中会加倍努力、全力以赴。有的演员在拍摄过程中的表演让吴宇森非常失望，他会躲起来用头不断撞击木质墙壁，待自己清醒下来后，他会笑容可掬地告诉演员：你刚才表演得不错，但如果改进一下，效果会更好！他的宽容和鼓励的话语令演员信心倍增。

吴宇森的善良、宽容与他追求完美的性格并不矛盾。在与周润发的一次合作中，有这样一个镜头：周润发从爆炸的烟火中穿过。但由于爆破专家和工作人员怕伤着周润发，当周润发从烟火中跑过去后，才引爆炸药，减弱了画面的冲击力。在考察确定不会伤及演员的情况下，吴宇森让工作人员把炸药重新设置在周润发不知道的地方，当周润发从烟火中跑来，他亲自按下了引爆装置，始料不及的周润发在爆炸声中惊慌失措、一路狂奔……拍摄完毕的周润发问吴宇森："这次你满意了吧！"吴宇森笑着点了点头。事后他才知道在这次拍摄过程中，周润发的发梢被大火烧着了，周润发私下里半是调侃半是认真地说："这个家伙是想烧死我！"吴宇森对待工作的认真态度可见一斑。

更令人称道的是，在纸醉金迷的娱乐圈，作为翘楚的吴宇森与妻子相濡以沫几十年，不离不弃，令旁观者啧啧称奇又羡慕不已！

吴宇森的人气说到底都是他的超凡才华和敦厚、善良的性格凝聚起来的，看着吴宇森，我会不由自主想起另外两名国际知名导演李安和唐季礼，他们都有副好脾气，甚至带有一点害羞，这些看起来从不发火的老实人最终都在事业上取得了巨大的成功，同时也赢得了更广泛的认可与尊重。

点 评

如果说好脾气是人生的一笔财富，那么吴宇森导演无疑大大地"赚"了一笔。作家撷取了吴宇森的几个工作镜头，通过细致的情景描写借事说理，寥寥几笔，便勾勒出了主人公"有本事没脾气"的优点，更使读者深深体会到——"好脾气宛如晴天，到处流放着光亮"的至理名言。

一生都在奔跑

作家心语：一个人从出生那天起，其实就一直在向前奔跑。

有一位坦桑尼亚老人在奥运赛场上没有获得过任何奖牌，但直到现在，他所到之处仍受到英雄般的追捧，他就是赫赫有名的奥运英雄阿赫瓦里。

1968年墨西哥奥运会的马拉松比赛，阿赫瓦里在途中意外受伤，经过简单包扎后，他忍着伤痛，跟跟跄跄地继续比赛，直到晚上7时，他才跌跌撞撞地跑进了主会场。此时，比赛已经结束一个多小时了，赛场上只剩下场地工作人员和即将离去的观众。望着腿缠绷带、步履蹒跚的阿赫瓦里，现场一片寂静，短暂的沉默后，赛场上响起了热烈而又经久不息的掌声。阿赫瓦里最终以4小时30分跑完了全程，他在夜幕的映衬下，一瘸一拐地跑进体育场这一场景成为奥运史上经典的一幕。赛后，有人问他："为什么在受伤后还不放弃比赛？"他说出了奥运史上最朴实也最震撼人心的话："我的祖国，把我从7000英里外送到这里，不是让我开始比赛，而是要我完成比赛。"

1992年巴塞罗那奥运会上，又诞生了一位不是冠军的英雄。在400米半决赛上，英国选手雷德蒙德排在第五道，而大名鼎鼎的刘易斯排在第三道。比赛开始后，状态出色的雷德蒙德取得领先地位，在离终点只剩下不到200米时，全力冲刺几乎铁定要进决赛的他突然右腿肌肉拉伤，摔倒在跑道上。看台上他的父亲和医务人员立即冲了过去，冀望奥运夺牌的雷德蒙德非常失望，泪水顺着脸颊滴到跑道上。就在所有人都认为雷德蒙德将结束比赛时，雷德蒙德做出了一个令大家惊愕的举动，他拒绝了担架，慢慢爬起来，忍着剧痛，在父亲的搀扶下，单脚一点点向终点跳去。

全场观众为他的拼搏精神深深震动，观众席上山呼海啸为他加油助威，临近终点，父亲放手让儿子自己完成了比赛。许多观众泪流满面，此刻，人们忘记了冠军是谁，只记得雷德蒙德这个名字。

阿赫瓦里和雷德蒙德都没有在奥运会上夺取过任何奖牌，但他们所表现出的奥运精神远比奖牌更熠熠生辉。如今的阿赫瓦里生活在一个小村庄里，村里没有电视和电话，有人问他对自己的生活是否满意。他这样回答："我对生活毫无怨言，因为我永远在奔跑。"而如今的雷德蒙德是一位励志演讲家，他用自己的故事去感染青少年，他经常演讲的题目是：向冠军冲刺！

点评

双脚可以藏在鞋子里安逸，精神却不能躲在枷锁中长眠。阿赫瓦里和雷德蒙德的双腿虽然未能战胜病痛，但两人的不屈意志却俘获了亿万人心。作家重点描写主人公"解决矛盾"的过程和场景，遂成功突出了主题——"一生都在奔跑"的精神。这种"特写镜头"的描写手法对考生来说，何尝不是一种启示呢？

扮演好一种角色

作家心语：鱼与熊掌不可兼得，专心做好一件事，是成功的关键。

在好莱坞，片酬超过两千万美元的影星屈指可数，这也成为了一个台阶，凡是能一部片酬收入达到两千万的演员被冠以"两千万俱乐部"成员的称号，可谓是名利双收。如汤姆·克鲁斯、布拉德·皮特等，"两千万俱乐部"成员基本全是好莱坞的一线男星。在片酬上能够接近这些当红男星的女演员寥若晨星，而能够与他们比肩的女明星只有一个，那就是有着"大嘴美女"之称的朱莉娅·罗伯茨。

生于洛杉矶的朱莉娅·罗伯茨，17岁踏入影视圈，在20世纪90年代初，凭借《风月俏佳人》的出色发挥，一夜成名。她那具有标志性的笑起来嘴角能达到两边耳垂有些夸张的大嘴，非常富有感染力，被影迷们亲切地称为"一千瓦"的笑容。

但好的开始并不意味着以后的事业会一帆风顺。年纪轻轻只有高中学历的朱莉娅·罗伯茨，不满足于在轻喜剧上的成功，她开始频繁尝试各类角色，试图取得更大的成功。但令人遗憾的是，在接下来拍摄的恐怖片、惊悚片中，她的表演乏善可陈，票房惨淡，这位年少成名的明星成为当时好莱坞导演的噩梦。她在事业上一下子从高峰跌入谷底。

好在她能够迷途知返，在1997年，朱莉娅·罗伯茨再次回到轻喜剧的表演

115

舞台上，主演了《新娘不是我》，这部票房过亿的电影，让她重回好莱坞一线女星的行列，并为她赢得了金球奖提名。

在轻喜剧舞台上如鱼得水、驾轻就熟的朱莉娅·罗伯茨马不停蹄，连续接拍了《诺丁山》和《落跑新娘》，都取得了巨大的成功。这两部电影与《新娘不是我》被称为"新娘三部曲"，并由此在美国掀起了轻喜剧的热潮。

咸鱼翻身的朱莉娅·罗伯茨开始进行一系列慈善活动，并担任联合国儿童基金会亲善大使。2000年，凭借《永不妥协》中的平民律师一角，她荣登奥斯卡影后宝座，片酬飙升至两千万美元，成为好莱坞片酬最高的女明星。

在电影中，她的爱情浪漫而又完美，演绎着"现代版灰姑娘"的传奇。但在现实世界，她的感情生活乱得一塌糊涂，直到遇到摄影师丹尼。但作为演员，需要常年奔波在外，每次外出拍片，朱莉娅·罗伯茨都情绪低落，她感觉自己的事业已经影响了感情生活。有记者问她最喜欢的地方是哪里，她毫不犹豫地微笑着回答：是家里，陪在爱人身边。

一向敢作敢为的朱莉娅·罗伯茨是这么想这么说，也是这么做的，处于事业鼎盛期的她在一片惊讶和惋惜声中，毅然选择了隐退，就像她在事业上选择轻喜剧一样，她现在只想当一位好妻子。她认为，她只能扮演好一种角色。

★★★ 点 评

生活是个大舞台，我们却只能选择一个角色的服装。茱莉娅在电影里选择了"新娘"，在生活中选择了"家人"。而一篇文章也只能选择一个主题，当我们确定主题后，就应该布置好结构，填充好素材，树立其风骨，丰满其血肉，最后安排好呼之欲出的"主旨"——正如文中最后一句话：她只能扮演好一种角色。

世上有难事

作家心语：承认能力上的差距，才能在面对失败的时候，做到释然。

迈克尔·乔丹是世界篮球史上的传奇人物，他带领芝加哥公牛队曾六次获得NBA总冠军，五次获得常规赛最有价值球员称号。可以这样讲，在篮球场上几乎没有他做不到的事情，他经常凭一己之力，救球队于危难之中，力挽狂澜于既倒。1994年，在获得三枚总决赛冠军戒指后，处在事业巅峰期的乔丹第一次选择了退役。在世人惊讶的目光中，他公开表明，比起篮球，他更喜爱棒球运动，他要追逐自己儿时的梦想。

自称在棒球运动中更具天赋的乔丹，虽然训练得非常刻苦，但其在场上的表现令人不敢恭维。他参加的第一场正式比赛，只击中了几个球，致使自己的球队以0：9惨败。在棒球场上郁郁不得志的乔丹只得在篮球场上复出，通过自己的杰出表现，率领公牛队连续三年获得NBA总冠军称号，使其个人事业达到了顶峰。

另一位足球场上的明星罗伯特·巴乔，曾获得世界足球先生称号，其事业及个人家庭生活堪称完美，唯一令他终生遗憾的就是没能带领意大利国家队夺得世界杯冠军。他曾三次参加世界杯比赛，最接近冠军的一次是进入了决赛。在点球决战中，巴乔最后一个出场，但他射失了那粒点球，致使意大利队与冠军失之交臂。球场上巴乔落寞的背影已经成为足球史上最经典的画面之一。

在我年少时，迷恋舞蹈的母亲一度希望把我培养成一名舞蹈家。但我四肢短粗，几乎看不到脖子，虽然我很努力，练习得非常认真，但最终也没能实现母亲的梦想。

世界上是有难事的，不管你多么努力，也无法办到。否认人与人之间的差异是自欺欺人，当然其中还有运气的成分在左右我们的命运。承认这些，你才能真正做到释然，才能从容应对生活中的各种失败与磨难！

点　评

世界上，总有你攀登不上的高峰，总有你捕捉不住的光明，总有你回避不了的磨难，总有你不能企及的寒星。作文不仅有遣词造句的艺术，更肩负传达思想的使命。我们写作时，只有像作家这样表达出了与众不同的个人思想，才算是高分的"私人订制作品"。

地球上最坏的那个男人

作家心语：人都是多面体，要了解一个人，就要多角度去观察。

阳光照在他黑而油亮的脸庞上，脑门文着的毛利人图案让他显得冷酷而又与众不同。他的眼神不再像过去那样犀利而凶狠，他经常一个人发呆，怀想自己的过去，一半是荣耀一半是耻辱。

孩提时代的他生活在贫民区，这里充斥着混乱、肮脏和暴力。身材矮胖而胆小的他成为别人欺凌和嘲笑的对象。自幼丧父缺少安全感的他整日生活在恐惧和不安中。他的第一次反击缘于他养的宠物鸽子被邻居家的男孩折断了脖子，面对这样的威胁和挑衅，极度的惶恐中，他发了疯似的和那个男孩扭打在一起。他赢了！这让他相信，摆脱内心的恐惧获得片刻的安全感，只有依靠暴力、依靠自己的拳头。野兽般的街头争斗，让他变成了一头真正的猛兽。强壮的体格赋予了他惊人的力量。在少管所里，一位著名的拳击教练慧眼识珠，认他为义子，把桀骜不驯的他引领到拳击台上，由此，他在拳台上刮起了一股名叫"迈克·泰森"的超级飓风。爆发力出色、出拳快如闪电、重拳足可以打死一头公牛，这使得他在拳台上所向披靡、难逢对手，很多著名拳王仅在几秒钟内，就在他摧枯拉朽的进攻中轰然倒地。由于在几秒钟内就可以赢得上千万美元的出场费，泰森也获得"印钞机"的称号，他也成为当时世界上无可争议的重量级拳王。比赛前，拳击台上被围在围栏里的泰森困兽般走来走去，准备随时吞噬掉对手；比赛中，不顾一切地向对方发动猛攻，让对方毫无还手之力。这样野蛮的比赛方式和风格，让世界拳迷和媒体津津乐道、兴奋不已，他唤醒了人们对原始力量的向往，是泰森像孙悟空一样置所有的约束和制度于不顾，毫不压抑自己的欲望，他做到了多数人无法做到的一切，他赢得了几乎所有拳迷的热爱。以至于他离开拳台多年后，虽然声名狼藉，人们仍然没法忘记他，当今的重量级比赛在观众看来都是苍白平淡的，与泰森相比，现任的重量级拳王都平庸无奇。

泰森命运的转变在于他的精神导师——义父兼教练的突然病逝。他好像被放出了樊笼，性格单纯、缺少管教和自制力的他由此行为完全失控，生活一下子乱了套。20世纪90年代初，处于事业全盛期的他因强奸罪锒铛入狱。度过牢狱之灾后，他仓促复出，遇到了经验丰富以搂抱见长的拳王霍利菲尔德。面对来势汹汹、力大无比的泰森，霍利菲尔德以搂抱应对，让泰森无法进攻，并最终战胜了泰森。二番战，霍利菲尔德故技重演，用头撞破了泰森的眉弓，并用胳膊藤条般缠绕着泰森，不让他打出有效的重拳。在泰森看来，霍利菲尔德的胳膊就是他最深恶痛绝的制度，已经输不起的泰森，情绪完全失控，情急之下，咬了霍利菲尔德的耳朵，"咬耳事件"让泰森成了大众的笑柄。

虽然富甲天下，大肆的挥霍和经纪人的侵吞以及两次婚姻的失败，让拥有上亿元资产的泰森的生活很快陷入了困顿。为了养育孩子，他开始频频"触电"，出演了纪录片《泰森》，该片引用泰森的表述，记录了他强大而又可怜的人生。如今的泰森生活过得相当艰难，不得不靠一点微薄的表演费生活。但很多商家不愿意掏钱给这位过气的明星，在他们看来，泰森已经从"印钞机"沦落为毫无价值的"垃圾"。为了赚钱养家，泰森在拳击台上、小成本电影中"跑龙套"，和观众合影，甚至出演一些色情节目，来换取一点收入。生活窘迫的泰森对目前一无所有的生活似乎很满意，感觉很幸福，他学会了照顾家人，给孩子换尿布，没事时在家看电视，吃过晚饭后就带着爱犬出门散步。宁静的生活让暴戾的泰森品味到了人生的安全和幸福。

2009年的5月，泰森品尝到了失去亲人的切肤之痛，年仅4岁的爱女在家中遭遇意外，不幸夭折。为了从悲痛中走出来，两周后他和相恋多年的女友步入婚姻殿堂。婚礼低调而简单，泰森不希望别人打扰他安静的生活，他凝望新娘的眼中充满了柔情。

泰森是一位前无古人的优秀拳击手，在他被称为世界上最坏的男人时，每个人都传诵他、想念他；在他变成一位性格温顺、爱护家人的好男人时，人们却开始逐渐把他淡忘。

点　评

细致的外貌描写如同一面光可鉴人的镜子，折射出人物内心的全景。文章首段虽然只是提到泰森的脸庞和眼神，却已经成功反映了他"荣辱参半"的内心世界，成为后文良好的"导入语"。对于考生而言，写人是第二位的，写人物的精神却是第一位的。当我们忘记作家的描写是多么精彩时，却还记得主人公鲜明的性格。

怎么顺手怎么投

作家心语：天道酬勤，所谓的天才，就是背后天天流汗，才有了站在耀眼舞台的机会。

央视《高端访问》栏目曾经对科比进行过独家专访。当主持人惊叹科比在过去的一场比赛中取得不可思议的81分，并向他请教投篮秘诀时，科比微笑着回答，在他还是一个孩子的时候，就向父亲请教过投篮的技巧。因为有人说投篮时肘部必须与肩部垂直然后用手腕的力量把球投出去。然而他的父亲告诉他，你怎么顺手就怎么投！父亲的建议就此影响了他的一生。所以在比赛过程中，不管处于什么状况，只要认为姿势顺手了，科比就会果断地把球投出去，并且常常命中逆转比赛的关键球。

科比看似有些戏谑口气的回答，实际上道出了他在篮球事业上取得巨大成功的秘籍：面对目标，不要想太多，如果投篮时，你还在照本宣科考虑投篮的姿势是否标准，那么手中的球，十有八九会投不中。

但科比"想怎么投就怎么投"的观点，并不是教唆大家去盲目地投篮。他看似随意的高频率出手和高命中率是建立在刻苦训练和扎实的基本功之上的。

科比两岁时，在爱打篮球的父亲的影响下，就开始接触篮球。他在意大利度过童年，并展现了出色的球技。他想回到美国发展，但几乎所有的人都说，在这里你足够优秀，但如果到了美国，你就什么也不是，因为那里有太多优秀的球员。科比有着不服输的性格，他来到了美国，梦想成为NBA的球员。母亲告诉他：不要质疑自己的信心，只要努力，梦想就会实现。父母的鼓励赋予了他无穷的勇气和力量。

科比17岁那年，带领校队获得全美中学冠军，诸多篮球高校向他伸来了橄榄枝。科比做出了出人意料的决定，他决定放弃上大学的机会，直接进入NBA，因为他想尽快提高自己的篮球水平。这充分显示了他对成功的渴望和决心。

出众的身体素质和篮球天赋让他在众星云集的NBA如鱼得水，21岁，科比第一次尝到了冠军的滋味。科比没有沾沾自喜，继续疯狂地投入训练中，每天天不亮，他就开始训练，篮球散发的味道让他如醉如痴，他喜欢那种自我提高的快感，这项运动让他自始至终精力旺盛、乐此不疲。有一次他右手骨折，但伤痛也无法阻止他训练，他开始尝试用左手投篮，那个夏天，他本可以到海边度假，但他带伤进行了非常艰苦的训练，在训练馆里用左手投中了一万个球。天道酬勤，以往比赛的最后几秒，科比的绝杀都是用右手，而现在，他用左手也可以投中关键球。

科比对数字不迷信，但他选择了24号球衣，因为他认为，一天有24小时，对他来说，这意味着每天都要集中精力，不能有丝毫的疏忽与懈怠。即便出国访问，科比依旧带着体能教练，每天坚持训练。正是源于对篮球的无限热爱和刻苦训练，科比练就了炉火纯青的投篮技巧，他可以在对方腹地辗转腾挪投中令人眼花缭乱、目瞪口呆的球，也可以在对手把手臂封在脸上，身体失去重心时后仰投篮得分，只要有投篮机会，哪怕身体被防守队员抱住，他也会把球投出去，造成打3分的机会。

由此看来，科比"想怎么投就怎么投"的观点并不是不负责任地盲目地乱投，当天赋在勤奋的汗水淬炼已臻化境后，人生已经成为写意的人生、潇洒的人生。

点 评

　　画了一千个鸡蛋，练就了达·芬奇的"顺手"；投了一辈子篮球，练就了科比的"顺手"。任何一位高手的"潇洒举动，写意人生"，都是无数次"狼狈"和"生硬"积累质变的。就像咱们高中同学写作，写到千锤百炼，自然信手拈来，考场下日日奋笔，考场上自然倚马可待。

失败没有借口

作家心语：真正的强者，是从来不为失败找借口的。因为她知道，下一次，一定能够赢回来。

金色的长发、深邃的眼神、棱角分明的脸庞、性感的运动装，在全场观众掌声的伴奏下，手执长竿，铿锵有力地助跑、飞跃，宛如古希腊战神转世，这就是撑竿跳高女皇伊辛巴耶娃留给观众的生动形象。

继2008年在北京奥运会鸟巢体育场一飞冲天，以不可思议的5米05的成绩刷新自己保持的世界纪录后，2009年，她连续两次打破室内撑竿跳高纪录。她师承自己的偶像布勃卡的风格，一点点挖掘自己的潜力，每次破纪录只超过上次纪录1厘米，而每破一次世界纪录可以得到10万美元的奖金。伊辛巴耶娃已经26次打破世界纪录，连续6年保持不败。

2009年8月17日柏林的夜晚，伊辛巴耶娃在世人的关注下，冀望再次打破世界纪录。4米75高度前她选择了免跳，但第一次飞跃4米75时，她竟然大失水准，没有跃过横竿，就直接跌落到垫子上。第二跳，她选择了4米80，这一次她腾空很高，但身体下落时，没有控制好，碰掉了横竿。连续两次试跳失败，让伊辛巴耶娃有些焦躁，她将浴巾蒙在头上，试图让自己的情绪尽快冷静下来。第三次试跳，她身体掠过了横竿，但下落时，身体再次碰到了横竿，横竿在万众瞩目下，颤动了几下，滑落下来，伊辛巴耶娃痛苦地用双手蒙住了双眼，无奈地吞下了没有成绩的"鸭蛋"苦果。

赛后，在接受记者采访时，伊辛巴耶娃不失风度，微笑着回答记者提出的各种问题。她说，这个体育场的外部条件非常出色，天气也非常好，我本人的身体状况没有任何问题，完全具备打破世界纪录的条件。这样的结果让我很失望，但我想，我也是普通人，比赛有输有赢，这就是竞技体育，因为有了意外，这项运动才更有魅力。

伊辛巴耶娃坦然面对失利、不为失败找借口的姿态，令人感佩！真正的强者，能够克服一切困难去争取最后的胜利！同时，他们不畏惧失败，不为一场比赛的失利找任何借口。找借口的人都是不敢承担责任的人，很难想象，一个不愿承担责任的人会取得事业上的成功。

★ 点 评

失败没有借口，笑对人生输赢。当我们面对生活宠辱不惊时，生活才会向我们敞开"常胜之门"。作家选择了一位撑竿跳高女皇作为描写对象，却没有鼓吹她的辉煌，而是详细描写了一次失败的经历。通过"辉煌"和"失败"的心理对比，揭示出伊辛巴耶娃平和的心态。这种对比的写作手法，值得考生借鉴。

转身后的华丽

作家心语：执着于奖项，往往与奖杯无缘；看淡于功名，反而会得到生活的奖赏。

20世纪70年代中期，她出生于英国伦敦一个戏剧之家，她的父母和叔叔都是小有名气的舞台剧演员，在这种艺术氛围的浸淫、熏陶下，她自小就对舞台演出充满了憧憬与渴望。

热爱是最好的老师，天使般的面容加上强烈的表演欲望，让她在年纪很小时就参与了舞台剧的演出，并引起了广泛关注。为了获得更多的演出机会，她萌生了进军电视剧和电影行业的想法。

20岁那一年，她被好莱坞著名华裔导演李安相中，幸运地参演了《理智与情感》，首次在大制作中的亮相，得到了影评家和观众的赞誉和好评。

两年后，她获得了扬名世界的机会，她和美国青年男演员迪卡普里奥共同主演了史诗大片《泰坦尼克号》，《泰坦尼克号》的巨大成功捧红了在此之前名不见经传的两位年轻主演。迪卡普里奥由此成为美国青年的偶像，进入了好莱坞一线男星的行列。她——凯特·温斯莱特也由此成为亿万男影迷的梦中情人。

在迪卡普里奥开始陆续接拍大片，并大红大紫的时候。温斯莱特却在星途一片大好的时机，出人意料地选择了隐退，她悄然返回英国，开始从事独立电影的拍摄，并很快结婚生子，做起了普通的家庭妇女。

在外界的一片惋惜和遗憾声中，芳华正艳的温斯莱特沉寂了整整十年。在大家都快要忘掉这位在一片"燕瘦"女星中而显得格外特别的"环肥"美人时，她上演了"王者归来"的好戏，因在家庭题材影片《革命之路》中成功扮演了一名对现状不满的家庭主妇而在2009年初摘得金球奖最佳女主角奖，之后又凭借在影片《生死朗读》中扮演的汉娜一角毫无悬念地获得了第81届奥斯卡最佳女主角，成为金球奖和奥斯卡的双料影后。

集万千宠爱于一身的温斯莱特并没有被头顶的光环冲昏头脑，她依然保持着谦逊、淡定的生活姿态。看淡荣誉的人，最终获得了巨大的奖赏；沉寂迷恋于平凡人生中的人，最终成为了生活中真正的主角。

点 评

芝兰生于深谷，不以无人而不芳；君子修道之德，不为困穷而改节。温斯莱特成名后没有像其他演员一样热衷名利，到处接片，而是在平凡生活中感悟真谛，在家庭琐碎里寻求灵感。事实证明，谦逊、淡定的她成功了。同学们，当你像作者一样从一个普通题材中挖掘到了主人公从未被发现的闪光点，你的作文就成功了一半。

一个人的球队

作家心语：天才往往集天使与魔鬼于一身。

他是个天使，凭一己之力斩强敌于马下，人们对他的崇拜几乎达到了无以复加的地步；他是个魔鬼，目中无人、桀骜不驯、长期酗酒与吸毒，甚至把枪口对准记者……即使是这样，人们仍旧对他顶礼膜拜，连对手和死敌都视他为偶像！

这个充满争议，集天使与魔鬼于一身的人，于20世纪60年代，诞生于阿根廷一个贫穷的乡镇。父母给他取名迭戈·马拉多纳，三岁时，他得到了父亲用皮革制作的一个足球，从此足球成为他的最爱。街头的足球游戏中，让少年马拉多纳学会了如何与比他身材高大的对手对抗，这样的历练，让他的球技突飞猛进。虽然出色的脚下技术已经引起了周围人的关注，但矮小的身材，让许多少年球队只能忍痛割爱。好在马拉多纳并不懈怠，并对自己的球技充满自信，他令人眼花缭乱的过人技巧，最终让他如愿以偿进入了阿根廷青年人足球俱乐部青少年队，并在16岁那年成为阿根廷甲级联赛最年轻的球员。在职业联赛效力仅三个月，这个身体矮壮、拥有出色的盘带技术的左脚球员就被当时的国家队主教练相中。但由于他太过年轻，在随后进行的世界杯比赛中，主教练并没有让他上场比赛。好在随后的世界青年足球锦标赛上，他率领阿根廷队夺得了世界冠军，并被评为最佳球员。

西班牙世界杯，22岁的马拉多纳已经成为球队的领袖，并引起世界足坛的广泛关注。雄心勃勃的马拉多纳遭到了其他球队后卫们的重点"关照"，屡屡被拉扯、绊倒，他强压住火气，尽量保持心平气和。但在对阵巴西队的比赛中，内心的火山终于爆发，一张红牌让他在西班牙铩羽而归。但在那届赛事上，他并非一无所获，西班牙世界杯后，巴塞罗那队以800万美元的天价转会费向他伸来了橄榄枝。但马拉多纳在效力巴塞罗那的几个赛季并不如意，患病，遭受了生平第一次最严重的伤，并开始迷恋上毒品，无奈中，他只能离开西班牙来到了意大利。

在意大利的那不勒斯，马拉多纳迎来事业的春天，在马拉多纳到来之前，那不勒斯是名副其实的弱旅，但在马拉多纳加盟后，仅用三年，他把一个保级球队变为一支意甲冠军球队，有他效力的几个赛季，他为这支平民球队赢得了四座冠军奖杯，而在他离去后至今，那不勒斯队一无所获，从此与冠军无缘。

1986年的世界杯好像专门为马拉多纳立传而举办，世人见证了一个人击败一支球队的神话。在对阵英格兰队的比赛中，他几乎无所不能，被甩在身后的对手只能看到他背上的10号，他演绎了"上帝之手"，并在攻入英格兰的第二个进球中，带球晃过了对方七名球员的防守。当他开始冲刺的时候，除了犯规，没有任何人可以阻拦他。他在球场上展现的天才震撼力令观众目瞪口呆、如醉如痴！最终，在墨西哥，他亲手举起了大力神杯。以至于比利时队主教练感叹：没有马拉多纳，阿根廷队是一支平庸的球队，如果把马拉多给我，我也能赢得世界杯。四年后，马拉多纳又凭一己之力战胜了群星荟萃的巴西队，获得了世界杯亚军。

1994年世界杯，在马拉多纳领军下，开始阶段，阿根廷队取得了梦幻开局，他们两战两胜，形势一片大好。在4球大胜希腊队的比赛过后，希腊队的主教练气愤地斥责队员：比赛中满脑子只想着赛后和马拉多纳握手！根本就没敢想如何去击败对手。但在赛后的例行尿检中，马拉多纳的尿样呈阳性，被逐出世界杯。失去了主心骨的阿根廷队随后被淘汰出局！在球场边观战的马拉多纳泪流满面……

随后他复出，又退出，因酗酒和吸毒，导致健康出现了严重问题，几次与死神擦肩而过。

纵使如此，人们仍旧热爱着他。足球场上他的对手和许多超级明星都视他为偶像，"西班牙金童"劳尔和英格兰明星后卫费迪南德公然表示，马拉多纳是他们选择足球的诱因。法国传奇巨星、现任欧足联主席普拉蒂尼认为，齐达内用足球能做到的事，马拉多纳用橘子就能做到。甚至连阿根廷足球的宿敌巴西队球员也视马拉多纳为偶像，罗伯托·卡洛斯说，虽然我是巴西人，但我小时候的偶像一直是马拉多纳。"外星人"罗纳尔多说，这个世界上我唯一崇拜的球员就是马拉多纳，如果生活在贝利那个时代，我同样可以一场比赛进10个球。"曼联国王"坎通纳这样评价马拉多纳和贝利：前者没有任何伟大的球员做帮手，他用自己的力量给球队带来了成功和胜利。如果阿根廷没有马拉多纳，他们不会捧起大力神杯，但是如果巴西没有贝利，还是能够成为王者。2008年国际足联举行的"世纪最佳球员"网上投票活动中，马拉多纳的票数超过了球王贝利，最终他有些不情愿地和贝利共同获得了这项荣誉。

正是因为球迷的热爱和朋友们的鼓励，让马拉多纳迷途知返，他开始戒毒，并作为主教练带领阿根廷国家队，冲进了南非世界杯。虽然作为教练取得的战绩与作为球员的成绩相差巨大，但仍旧阻挡不住球迷对他的热爱。

马拉多纳究竟是神是鬼，只有靠近他，你才会发现，他像个天真的孩子，他的一切都是与生俱来的，他的天才与迷失都是率性而为。

是的，讨厌马拉多纳可以找出一万个理由，但是喜欢马拉多纳只有一个理由就足够了！

点 评

　　马拉多纳酗酒、吸毒，人们对他却依旧狂热。当我们通过文章了解到马拉多纳身上的阴暗面后，也仍然对他留下了"他的天才与迷失都是率性而为"的好印象。这是为什么呢？大概就是因为作家坦诚、客观的叙述吧！当我们进行人物写作时，切忌塑造"高、大、全"形象，这会让读者留下"假、大、空"的不幸评价。只有客观反映人物的优缺点，突出其亮点，才会使人物形象真实起来。

输不起，赢不下

作家心语：是比赛就会有输赢，胜不骄是一种美德，败不馁是一种风度。

在公园里三三两两有人下棋，常常看到有人下着下着，由争执发展到谩骂，甚至不顾体面地扭打起来。路过者不问根由，就可以轻易判断出，这是输不起的心态造成的结果。

多年前的美国网球公开赛，曾先后爆出"粗口门"。事件的女主角是美国人视为骄傲的塞雷娜·威廉姆斯。在女单半决赛中，由美网女单夺冠大热门小威对阵休战两年刚刚复出的前世界排名第一的比利时选手克里斯特尔斯，由于两人的实力皆在其他女选手之上，因此，两人的巅峰对决被称为提前进行的冠军争夺战。比赛第一盘，比利时人就显示出了良好的技术和稳定的心理素质，相比之下，背负主场作战压力的小威，则失误连连。丢掉首盘后，她愤怒地折断了自己的球拍，主裁判马上对她的不冷静行为进行了口头警告。第二盘，情况仍旧对小威不利，她显得越发急躁。比赛进行到关键时刻，小威首发失误，第二次发球，球发入场内，但司线员判定小威在发球时，脚踩在了底线上。双发失误，让小威命悬一线，不得不面对对手的两个赛点。心态失衡、恼羞成怒的她再也控制不住自己的情绪，她走向司线员，口中念念有词、脏话不断。司线员立即把小威的"失礼"报告了主裁判，主裁判按照规则，扣罚小威一分，小威只能不光彩地提前结束了本届美网之旅。赛后，输球又输人的小威受到了广泛批评，她不得不勉强做出道歉，但这份道歉声明被媒体讥讽为"最没有诚意的道歉"。CBS一位著名的评论员表示：任何一项有声誉的体育项目都应该将她直接扔出去，如果不这样做的话，那将成为这个项目的一个巨大的污点。此时的小威才意识到自己错误的严重性，她通过个人网站郑重地向被她冒犯的司线员、对手、美国网协及全世界网球迷道歉。与此同时，美国网协也做出了对小威罚款1万美元的处罚决定。

那届美网比赛"粗口门"的男主角是一向温文尔雅、风度翩翩的卫冕冠军费德勒。在决赛中对阵阿根廷小将德尔波特罗的第一盘，费德勒赢得相当轻松。但自第二盘后，心态放松下来的德尔波特罗显示出了与其年龄不相称的耐心与顽强。输掉第二盘后，费德勒显得心烦意乱。在第三盘的较量中，比赛进入胶着状态，双方你来我往，互不相让。在费德勒赢得关键一球后，德尔波特罗认为费德勒击球出界，挑战"鹰眼"。主裁判点头同意。好不容易得到1分的费德勒此时心态完全失衡，他当即上前与主裁判争执起来：我打的球落地后两秒就不可以得到挑战鹰眼的机会了，可现在好像已经过去了10秒，他竟然仍然可以得到挑战鹰眼的机会……主裁判示意这位情绪失控的球王安静，向来口碑良好、球风端正的费德勒竟然口带脏字：别跟我说保持安静好吗？我想说的时候就说……费德勒的"粗口"立即通过主裁判的麦克风传进了每一位电视观众的耳朵。输掉本场比赛后，媒体毫不客气地批评费德勒：他不仅丢掉了冠军，也失去了许多球迷的爱戴。

小威和费德勒在比赛中大爆粗口，归根结底是"输不起"的心态在作怪。高手的对决其实更是心态的对决，谁在关键时刻心态失衡，就等于把胜利拱手送给了对方。

点 评

　　一篇关于"拿不起，放不下"的故事，讲述两个"输不起，赢不下"的人，表达着"错过了太阳，又错过了月亮"的遗憾。作家在提醒我们"保持心态平和"的同时，也传达出写作的道理：完整的叙事才能呼应主题，深入的刻画才能衬托主旨。

总统为"上帝之手"道歉

作家心语：公道自在人心，不择手段获得胜利是令人不
齿的。

法国男子足球队一直是世界足坛的一支劲旅，但由于队中头号球星齐达内的退役，近几年来状态下滑，在南非世界杯预选赛欧洲区附加赛的第二回合较量中，法国队竟然是凭借队长亨利的手球助攻，淘汰爱尔兰队，艰难进军2010年南非世界杯。

一"球"击起千层浪。亨利的"上帝之手"引起了爱尔兰人极大的愤怒，他们要求重赛，但遭到了国际足联的拒绝；一些球迷也认为亨利的做法像"小偷"，令人难以原谅；就连法国队的支持者内心也感觉非常矛盾，一方面如释重负，另一方面又忧虑重重，为自己的"幸运"感到耻辱。处在风口浪尖的亨利对爱尔兰队表示了深刻的歉意，他说，他为法国队以这种方式进军世界杯感到难过，最公平的方式是双方重新进行一场比赛。他承认自己的手触到了球，但那是无意中碰到的。

比赛后的第二天，在比利时首都布鲁塞尔出席欧盟特别峰会的爱尔兰总理表示：公平竞争是比赛的基础所在。时任法国总统萨科齐也不堪其扰，被频频问及"上帝之手"的问题。他表示，他已经向爱尔兰总理表达了歉意。足球场上的一次手球，竟然让总统为此道歉，法国人自己也认为这次晋级不但不值得庆贺，反而成为了心中的一个污点。

其实"上帝之手"在足球比赛中并不少见。在以往的比赛中，在没被裁判发现的情况下，用手踢球获益而又主动承认的非常鲜见。

最著名的当属马拉多纳的"上帝之手"，他用手把球打进了英格兰的大门，并带领阿根廷队获得了那届世界杯的冠军。阿根廷的另一名现役天才球员梅西也多次用手把球打入对方球门，成为当之无愧的马拉多纳继承人。其他一些大牌球星也不甘人后，他们立功心切，不择"手"段，在足球场上手脚并用。因扎吉、特雷泽盖都有过用手进球的经历。更搞笑的是德国国家队守门员卡恩，在一场比赛临近结束的时刻，看到队友无法破门的他跑到了对方的禁区，竟然用双手把球攻进了球门。由于动作过于明显，主裁判立即出示"红牌"将其罚下。中国队也曾连续遭受过日本队的"黑手"之苦，日本队员在中国队禁区明显地用手停球助攻，使中国队渴望在主场夺取亚洲杯冠军的愿望落空。这些用手"踢"球的球员有一个共同的特点，进球后先看主裁判，如果裁判示意进球有效，他们立即振臂欢呼；而如果是对方球员用手进球，他们会立即冲向裁判，表达自己的愤怒之情。在自己违规进球获利时，他们选择沉默；在对手违规获利时，他们又期待公平。

而与此对应的是，在2009意大利足球甲级联赛赛场上，豪门球队罗马队对阵默默无闻的墨西拿队，当比赛进行到第35分钟时，罗马队一名队员主罚任意球，当皮球划出一道美丽的弧线直入禁区即将滑门而过时，罗马队的另一名球员德罗西奋力跃起冲顶攻门，但球稍微高过他的头顶，情急之下，德罗西本能地用手触球，球立即改变飞行线路，应声入网。由于德罗西在跃起时，头和手臂都同时冲向皮球，裁判没有看到德罗西的手球动作，判定进球有效。罗马球迷欢声雷动，队友纷纷向他表示祝贺！但德罗西显然对这样的进球方式并不开心。此刻，墨西拿球员已将裁判团团围住，示意德罗西手球。德罗西深感内疚，但仍旧有些犹豫不决，因为有队友暗示他不要说出真相。在主裁判向他询问是否手球时，德罗西终于不再犹豫，他勇敢地称"是"。主裁判改判进球无效，全场的罗马和墨西拿球迷均为德罗西的诚实鼓掌，墨西拿的球员纷纷上前与他握手致意，主裁判也向他伸出了大拇指。赛后，更令德罗西感到意外的是，罗马市长亲自打电话给他，表达了赞许之情，德罗西也由此获得了公平竞赛奖。

随着摄像技术的飞速发展，在慢镜头回放中，用手踢球已经几乎无处遁形，即使当值裁判发现不了，事后仍然会遭人诟病与耻笑，甚至受到追加处罚。足球场上，对用手踢球选择沉默的球员处罚力度也日渐加大，甚至这种行为都很难得到本方队友和球迷的原谅。

我们日常生活中也常常遭遇类似的情况，在违规获利的情况下是选择视而不见、暗自庆幸，还是勇敢地承认错误？选择了前者，在满足一己之利的同时，也丧失了起码的道德；选择了后者，表面看来是一种利益的失去，但实际情况是，你的诚实和正直早已赢得了远在利益之上的崇敬和尊重。

★ 点 评

　　志不行，顾禄位如锱铢；道不同，视富贵如土芥。亨利和德罗西两位球员遵守公平之"道"，舍弃胜利的荣耀，却因诚实获得尊重；日本球队有意作弊，选择了眼前的胜利，却因锱铢之利丧失了根本的道德。作家是想告诉大家，道德生活中没有裁判和监控，对于自我的"上帝之手"，我们唯有自省，以防得不偿失。中学生写作易在叙事，难在引申，作家通过几场球赛引申出如此深刻的道理，这正是我们需要学习的写作技巧。

为拳击而死的斗士

作家心语：人生的意义就在于，为了自己心中的目标而努力奋斗。

当2012年的圣诞钟声再次敲响的时候，韩国拳迷们自发聚到一起，共同缅怀他们心目中的英雄崔尧三。

2007年12月25日的圣诞夜，是一个快乐、伟大而又令人悲伤的夜晚，WBO洲际蝇量级拳王争霸战在韩国首尔激情上演，由时任拳王韩国人崔尧三主场迎战印度尼西亚的一名23岁的拳手。

1999年，崔尧三曾夺得WBC轻蝇量级拳王的称号，这个世界冠军的头衔他保持了10个月。但这个冠军并没有给他的生活带来实质性的改善，因为此时，正值亚洲金融危机爆发，韩国的经济陷入了瘫痪，他找不到赞助商，当然也没有比赛可打。此后，心灰意冷的他无奈之下只能宣布退役，在一家购物企业工作。但他发现他能够做好的只有拳击，于是选择了复出。并很快就在拳击场上再次证明了自己的实力。在2007年夏天的一场比赛中，崔尧三击败日本选手夺得了空缺的WBO洲际蝇量级冠军。作为韩国职业拳坛的旗帜性人物，他被誉为"拳台不倒翁"。

本场圣诞夜卫冕战，对于这位35岁的老将而言非常重要，因为此战获胜后，将有机会再次向世界拳王金腰带发起冲击。崔尧三明白，要想重夺世界冠军，年龄偏大的他已经没有太多的机会。为了克服年龄偏大造成的体力不济，他每日进行万米耐力跑训练，高强度的训练常常令他吃不下去东西，甚至无法入睡。

比赛开始后，崔尧三利用丰富的经验和顽强的作风，打得既聪明又主动，整场比赛，基本控制了对手。比赛战至第12个回合最后10秒时，出现了意外场面，他的对手突然一记重拳将体力即将耗尽的崔尧三击倒在地。令人惊讶的是，裁判给崔尧三数完8秒后，顽强的韩国人挣扎着摇摇晃晃地站了起来，表示可以继续比赛。终场铃声随之响起，崔尧三再次倒下，陷入了昏迷之中。当崔尧三被送往附近的医院救治时，三名裁判一致认定他以点数优势卫冕成功。

在接受治疗的过程中，无数人祈祷他能够早日康复，但事与愿违的是，崔尧三最终被宣布"脑死亡"。根据他生前的愿望，他的器官被分别用在了9名患者的身上，为他人送去健康，成为了这位为拳击而生、为拳击而死的斗士留给世界的最后礼物。

崔尧三在拳击台上表现出的顽强意志和慷慨爱心，在韩国国内引起了巨大的轰动效应，无数此前与他素不相识的人，纷纷赶到他葬礼的现场进行悼念。

崔尧三的不幸去世，并没有浇灭韩国年轻人投身于职业拳击的热情，很多年轻人表示将把拳击运动作为个人未来的发展方向。他们认为，崔尧三是整个韩国的骄傲，无论在拳击台上还是在生活中，他都有近乎完美的表现。他们希望自己能和崔尧三一样，首先成为一名拳击手，然后尽自己的力量去帮助需要帮助的人。

★ 点 评

凡事贵在执着。崔尧三对拳击的执着精神成就了他的排行榜，也写就了他的墓志铭。在他死后，这种精神星星点点地撒入万千人中，继续闪耀和燃烧。作家从这种负面事件（死亡）中汲取出"积极向上"的元素（执着、感动、无私），并以此为着力点展开全文。同学们，我们也可以试着这样写一写。

放得下才拿得起

作家心语：一个人要明白自己能做什么，想做什么，想清楚了，就要付诸行动。

20世纪80年代中期，正是国家干部制度向知识化、年轻化的过渡时期，他早年毕业于上海戏剧学院戏剧文学系，年纪轻轻就撰写了多部艺术理论专著。作为年轻化、知识化的代表，众望所归之下，他幸运地被任命为上海戏剧学院院长。

上任以后，他身先士卒与同事们继续投身于文化教育领域的垦荒工程，为改变当时学科残缺、教材稀少、观念陈腐的状况做出了积极贡献。那是一段让他激情澎湃、永生难忘的岁月。但尽管如此，他的心中仍旧常常伴有一种莫名的忧思，那个时代，全民都投身于经济建设之中，而中华文化的魂魄似乎在人们的脑海中被渐渐遗忘。他感觉自己应该做点什么，不仅仅要走遍中国，还要走遍世界，把中华文化的灵魂去一点点找回，并力求在海内外同胞中引起反馈、震动和共鸣。虽然前途渺茫、旅程艰苦，但他义无反顾。

他试着把自己辞职的想法汇报给上级领导，早已把他视为培养对象的上级领导非常震惊，然后一口回绝了。是啊，年纪轻轻就身为上戏院院长，前途远大，这是别人想都想不来的位置，他却视若平常，想辞官为民。这在沿袭了数千年至今仍在影响大部分国人"是官强于民"的思想背景下，他的做法的确让人不可思议。

　　但他却去意已决。恰好在单位组织的体检中，他被查出患有结石。正为上级不批准他辞官而苦恼的他如同在黑夜中发现了一盏明灯。他以身患结石病为由，再次向上级领导打了辞职报告。但领导仍旧没有批准。他心中明白，他身上的结石只是小毛病，吃中药就可以打掉，但为了辞官成功，他开始夸大病情，一次次地递交辞职报告，且口气一次比一次严厉。以至于给上级领导造成了这样的印象：他的病是为领导职务所累，如果再干下去，会进一步加重他的病情。无可奈何之下，带着无限惋惜之情的领导在他递交的第二十三次辞职报告上签字，他终于辞官成功。几天后，无官一身轻的他出现在甘肃高原上，向公元七世纪的阳关走去……

　　此后的几年，他埋头于文化事业，并且一发而不可收，佳作迭出，从《文化苦旅》到《山居笔记》，从《霜冷长河》到《千年一叹》，几乎每一部著作都在市场上畅销不衰，一版再版。

　　是的，他就是那位一直不以作家自居的文化名人余秋雨。提起当年的"辞官"，他解释道：搞行政必须每时每刻向平庸妥协，而搞艺术必须每时每刻与平庸决裂！放得下，才能够拿得起，余秋雨淡泊名利、宠辱不惊的胸怀令人感叹，让人钦佩！

★ 点　评

　　余秋雨的鼎鼎大名几人不知？余秋雨的艰辛历程谁人又晓？当我们关注名人耀眼的光环时，写作者总会去联想光环曾经的"锈迹斑斑"。作家从新颖的角度想问题，用历史的眼光看问题，余秋雨因此在他笔下生动起来。当我们拿起笔时须谨慎：只有仔细观察才能写得更具体，只有不断联想才会写得更丰满。都云作者痴，谁解其中味？写作本不是件容易的事啊！

陪练手

拉里·霍姆斯1949年11月3日出生于美国佐治亚州。

出身于贫民窟的他生性孤僻，平时少言寡语，但身体却非常强壮、结实。贫民窟的孩子们喜欢打架，小霍姆斯永远是旁观者，他坐在路边的石台上，昏昏欲睡，样子傻傻的，好像眼前发生的一切事情都和他无关。他安静腼腆的性格并没有使他能够躲开伙伴们的纷争，孩子们开始捉弄他，骂他"傻小子、白痴！"到后来发展到打他。在这些打他的孩子中大多数人身体没有他强壮，但他没有还手，只是用双手抱头，蹲在墙脚，默默承受着宛如冰雹般的击打。

令人惊奇的是他的抗击打能力，孩子们的拳打脚踢并没有怎样伤害到他，而且遭受群殴的次数多了，他承受击打的能力也越来越强……

那一次，贫民窟的孩子们又在围攻他。这时一位老者呵斥跑了这些调皮的孩子。他递给了饥肠辘辘的霍姆斯一块面包：孩子，跟我走吧！我可以让你填饱肚子。

老人把霍姆斯带到了一处拳击训练房。一位身材高大、体格健壮的年轻人正与其他几个人练拳。那几个人根本不是年轻人的对手，几个回合下来，他们都被打趴下了。老人示意霍姆斯上台和那位年轻人试试。霍姆斯还没有做好准备工作，年轻人一记势大力沉的重拳打在了他的面颊上，直打得他眼冒金星，几乎倒地。这是他有生以来遭受到的一次力量最大的重拳打击，这样的击打力度远不是街头小混混儿们的拳打脚踢所能比拟的。但为了能够填饱肚子，他踉跄着脚步顽强地迎接着年轻人左右手拳的轮番轰击……

最终他被老人留了下来，成为了年轻人的陪练手。陪练手的工作是非常辛苦的，霍姆斯几乎每天都要被年轻人打得鼻青脸肿、伤痕累累。除去身体的伤痛，心灵的折磨更让他难以忍受，因为陪练手是跑龙套的角色，平时只能默默无闻地站在幕后的角落里，甚至连配角也称不上。在台前享受掌声和鲜花的永远只是他们的陪练对象。

随着他的陪练对象——那位名叫穆罕默德·阿里的年轻人声名鹊起，成为世界上炙手可热的重量级拳王。霍姆斯不甘寂寞，从1978年起从后台走到前台，开始了他真正的辉煌灿烂的拳击生涯。多年的陪练磨砺，造就了霍姆斯隐忍顽强的品质和坚强体魄。在拳台上，他犹如火山一般爆发了，由此引发了世界拳坛的大地震。从登上拳王宝座，直至1985年，他一直是WBC、IBF世界重量级冠军，并且在一次卫冕战中，在第10回合技术性击倒了他昔日的陪练对象——世界拳击史上最伟大的拳王阿里。

拉里·霍姆斯不甘沉沦，从一名被人轻视的陪练手成长为一位拳王，堪称创造了奇迹。他的精彩表现，为以后的陪练手做出了表率。泰森的陪练迈考尔在1994年击败了世界著名拳王刘易斯，成为新的WBC重量级冠军；塔弗尔2004年5月10日击倒了他所陪练的拳王——当时如日中天的小罗伊·琼斯。

是的，他们都曾是陪练手，不被人关心和重视，但那有什么关系。只要拥有一颗冠军的心，并愿意为了心中的梦想付出常人难以想象的汗水和努力，就完全可以主宰自己的命运，曾经的苦难留下的疤痕都会成为挂在身上最灿烂夺目的勋章！

点 评

　　平时总会看到很多"矮穷丑变身高富帅"的励志故事，那种千篇一律的论调已经不能打动我们麻木的心灵。可读完作家这篇文章，我们却又一次震惊于"陪练蜕变为拳王"的惊人历程。盖因作家立意虽老，却选题新颖，摆脱了"穷变富"的老套故事情节，找到了新的人物形象和与以往不同的事业类型。

站起来比倒下只需多一次

作家心语：屡败屡战，并最终成功的人，才是真英雄。

平凡人崇拜英雄，而作为英雄会崇拜什么样的人？中国短道速滑名将杨阳最崇拜的偶像是美国速滑运动员简森。这倒并不是因为简森在奥运会上取得了多么辉煌的成绩，而是因为简森在赛场上表现出的坚忍不拔的精神征服了包括杨阳在内的许多人。

简森在1988年首次参加了冬奥会，他在报名参加的500米、1000米速滑比赛上都具有夺冠的实力。比赛的几天前，他突然得到了一个不幸的消息，他的妹妹因为身患白血病去世了。这一沉重的打击，使他的心理产生了巨大的波动。他强忍着悲痛参加了500米的速滑比赛，但刚一出发，就重重地滑倒在地上，无奈只能退出比赛。带着遗憾他向1000米速滑冠军发起了冲击，两圈过后，他把对手远远甩在后面，此时计时器显示，他是所有参加这项赛事的运动员中速度最快的，他将有机会弥补500米速滑赛事的遗憾，夺得该项比赛的冠军。但令人难以置信的是，他再次摔倒在赛场上，他自己都无法相信，第一次参加奥运会竟以两次摔倒收场。

四年后的冬奥会，简森再次在赛场上滑倒，与奖牌擦肩而过。很多人都认为倒霉的简森会就此黯然离开赛场。但出人意料的是，简森选择了坚持与继续战斗。

1992年，奥委会决定，冬奥会和夏季奥运会不再在同一年举行，这使得简森只等待了两年就得到了再次参加奥运会的机会。但命运再次与他开起了玩笑，他再次因滑倒而与奖牌无缘。

当简森第四次站在冬奥会的赛场上时，在挪威举行的1000米速滑比赛将是他奥运生涯的最后一站。许多见证过简森失败、认为他运气糟糕透顶的人，都难以相信他会再次参加比赛。观众的眼神充满了崇敬，所有人都在心中默默祈祷，祝愿顽强的简森能够夺得1000米速滑比赛的冠军。在比赛中，简森遥遥领先于其他选手，但也出现了两次可怕的手扶地的险情，许多观众都吓得闭上了眼睛，担心噩梦再次降临到简森的头上。但他并没有滑倒，有惊无险地抓住了这个最后的夺冠机会，以打破世界纪录的成绩获得了自己第一枚也是唯一一枚奥运会金牌。他也赢得了全场最为热烈的掌声。

简森四次参加奥运会，五次在赛场上滑倒，这样的人生际遇足可以令人精神崩溃、把一个人彻底打倒。但倒霉的简森并没有屈服于命运的安排，他用坚定的信念作为支撑，屡次倒下屡次又站起来，他的站立只比倒下多一次，但也正是这多出来的一次，使他最终战胜了不公命运中设置的种种障碍，实现了心中的奥运梦想。

★ 点 评

本文被各地选为高考语文模拟试题，站起来比倒下只需多一次，你是要站着，还是倒下？简森用一双傲骨铮铮的冰刀回答了这个问题。看到文章的题目，我们就被深深吸引住了——多么鲜明，富有哲理而又引人深思！同学们写作时不妨也想个好题目吧！简森告诉我们，只有站着的人才能捧得奖杯；作家告诉我们，只有鲜明的题目才能俘获人心。

第 4 辑
比赛是五个人的

　　人生不如意事十之八九，要多看好的一面，每天在生活中尝试发现一点美，那么常年积攒下来，一生该有多么美好；而每天都生活在怨怼中，累积起来，一生都生活在抱怨中。

一杯温开水

作家心语：机会总是垂青那些有所准备的人。

大学毕业后，为了谋得一份满意的工作，我像儿时捕蚱蜢一样，左扑一下，右扑一下，最后累得气喘吁吁，却两手空空。怀揣着山重水复疑无路的失望，心中无限凄惶与悲凉。

不情愿地，在亲戚的推荐下，到一家不知名的乡镇企业去打工。这家企业的老板还好，看我长得精明强干，又精通计算机，把我安排到比较清闲自在的办公室工作。办公室里还有一个和我经历相似的姓丁的年轻人，我们蜻蜓点水似的握了握手，算是认识了。彼此却在心中嘲笑对方，只认为自己目前的窘况是暂时的，这家企业只是一个过渡的地方，不久就会撇开对方远走高飞。

干了几个月后，才发现，其实这家企业并没有自己想象的那么糟，和它有业务往来的竟然有好几家知名企业。不久，适逢各级领导要来检查指导工作。老板对此非常重视，提前开会布置，做了精心的准备。我和小丁恰好派上了用场，那几天天天加班到深夜，准备各种各样的宣传材料和汇报材料。

领导们莅临的那一天早晨，我和小丁早把会议室打扫得干干净净，会议室里怒放的有些颤巍巍的花朵，恰似我们老板此刻兴奋而又激动的心情。按照老板的吩咐，小丁和我把放好茶叶的纸杯依次序摆好，领导们落座后，我俩从主席台的两侧上去为领导倒水。初次在众目睽睽之下给领导倒水，感觉有些紧张和别扭，如芒在背，认为台下台上的人都在瞅着自己。实际上心里也明白，哪里会有人注意你啊，纯粹是自己吓唬自己。心中只是提醒着自己走路要轻，倒水要稳，千万不能做出把开水倒在领导的手上、把暖壶的木塞放到领导杯子里一类的糗事。还好，一切都很顺利，一路水倒下来，感觉汗水早已湿透了衬衣。

正当我和小丁长嘘了一口气，准备坐下来休息的时候，我俩几乎同时注意到了一位领导从他随身携带的皮包里，掏出一瓶药来。看到眼前的茶叶水，他皱了皱眉，苦笑着摇了摇头，又准备把药放到包里。我望了小丁一眼，他躲开了我的目光，自己端起杯子喝起了水。我没有再犹豫，找了一个纸杯，倒了一杯温开水，壮着胆子送了上去。对眼前突然出现的这杯白水，领导很是诧异，他抬起头来认真地看着我，然后微笑着冲我点了点头……

散会后，让我没有想到的是，这位领导专门找到正在打扫会场卫生的我，对我表示感谢，并询问了我的相关情况。在得知我尚未找到理想工作的时候，他掏出一张名片递给我：如果你愿意，可以到我们公司来找我。目送着他远去的背影，我把名片举到眼前：天哪，我做梦也没有想到，他竟然是我仰慕已久的那家知名公司的老总。

一个月后，我顺利通过了这家知名公司的笔试和面试，成为公司的一名新员工。而小丁仍旧待在那家乡镇企业里，他可能至今也没有想明白，一杯看似淡若无味的温开水竟然改变了一个人的命运。

点　评

凡事预则立，不预则废，成功的人总会做更多准备。"我"为别人多倒了一杯白水，便为自己多争取了一次机会。作家通过讲述一件微不足道的小事，奏出了细节决定成败的弦外之音，这就是"以小见大"的写作手法，窥一斑而知全豹。

犯了错的鸟

作家心语：一个人犯了错不可怕，怕就怕，知错不改，在错误的道路上一意孤行。

那一年，干出纳的我在工作中犯了一个不大不小的错误，给单位造成了一定的损失。本以为这次失误并没有造成什么严重的后果，自己道个歉，事情应该就过去了。但单位领导却不肯轻易放过我，不仅在大会上点名批评，还决定扣掉我当月的奖金。我不服气，与告知我处罚决定的科长吵了起来，单位让我停职反省，我一下子处在了待岗的状态。

工作紧张忙碌的时候，总希望能停下来，好好放松一下紧绷的神经和疲惫的身体，但真的什么事都不用做的时候，那种无所事事的空虚感让人变成了一只无头苍蝇。为了打发无聊的时光，驱除心中的郁闷，我买了一张车票，到农村去看望年迈的父母。

装作什么事也没有发生，和父母坐在院子里谈笑风生地喝茶、聊天。看着鸟从空中掠过，我不由得感慨道：做一只鸟真好，无忧无虑，即使犯了错，也不用承担什么责任，仍旧可以在天上自由自在地快乐翱翔！当过民办教师的父亲在鞋底磕了磕烟袋，并不认同我的话：做一只鸟并不像你想象的那样轻松，我给你讲一个关于鸟的故事吧！

30年前，我们村东头的那条沭河，长年河水泛滥，由于没有桥，我干起了摆渡这个行当，挣些油盐钱。水里的鱼儿吸引了各种各样的鸟儿，其中有一种叫不出名的白色的大鸟，都是成群结队而来。那时到处都在闹饥荒，吃了上顿没下顿，没有办法，我打起了这些大鸟的主意。家中有一杆土洋炮（一种能打霰弹的猎枪），我把它藏在船舱里。但这些鸟非常聪明，每次集体进食的时候，总安排两只鸟实行警戒。一只离我十米左右，另一只离我有二十多米。我几次试图拿起枪来，但没等我举起来，第一个岗哨的鸟早已高声鸣叫着扇动翅膀，紧接着第二个岗哨的鸟也扑棱着翅膀鸣叫起来，鸟群随即腾空而起，让我只能仰天叹息！我想了几天几夜，终于想出了一个好办法。

有一天，趁鸟群捕鱼时，我把船舱里早已准备好的几条鱼扔给了那两只负责站岗放哨的鸟。两只鸟犹豫了一会儿，对望了一眼，开始低头啄食起这些美味来。我乘机取出枪来，对着鸟群鸣放了一枪。震天的巨响，枪口余烟缭绕，空中鸟羽纷飞。我一枪打中了足有五六只大鸟。正当我准备放第二枪时，鸟群中的头鸟发出凄厉的叫声，带领着鸟群振翅飞了起来，那两只失职的鸟慌忙去追赶大部队。此时，在空中，我看到了一个震撼人心的场景：那只领头的鸟突然返身飞了回来，追赶那两只犯了错误的鸟，它在其中一只警戒鸟的头上狠狠地啄着，不一会儿，这只可怜的鸟从空中掉了下来。我捡起一看，它已经死去，头上被啄得血肉模糊。那只头鸟方才领着鸟群向天际飞去，另一只劫后余生负责警戒的鸟飞得很慢很慢，可能是自感罪孽深重吧，远远地跟在鸟群后面……

如今，在社会上找份工作非常不容易，无论在什么岗位，干什么工作，都要有责任心，珍惜这份来之不易的工作。一只鸟儿犯了错都承担相应的责任，受到处罚，更何况一个人呢？

原来我刻意隐藏的心事还是被父亲所洞察，他一定是猜到了我在工作中遇到了不顺利的事情，才给我讲了这个故事。

当天下午，我辞别了父母。回到单位后，我向领导坦承了自己的错误。对于我思想上的转变，领导既惊又喜。从此，在工作中我不敢再有丝毫的懈怠和马虎，一旦头脑中有放松的念头，那两只犯了错的鸟就会从我的心头掠过……

点 评

  失职的出纳会停职，失职的鸟儿会陨落。社会犹如一条船，每个人都有掌舵的准备——这便是我们的责任。本文由社会规则引出自然法则，两件事彼此印证"失职"的危害，强调"尽职"的意义。同学们在写作时也要像作家一样，深入思考，扩大思维面。

别放大你的苦难

作家心语：磨难是人生中的必修课。

从小学到中学，我的语文成绩一直特别好，而数学成绩则糟糕得一塌糊涂，由于偏科严重，高考落榜便是再正常不过的事了。由沮丧转向愤怒，由埋怨自己转向抱怨社会，一脸的愤世嫉俗、生不逢时的愤青模样，偶尔也幻想着时光倒流，能够得到与钱钟书一样因语文成绩出色而被破格录取的待遇，但所有的梦想最终都被如风的时光吹散得无影无踪，心中感觉很受伤。

无奈之下到一家工厂上班，在车间出苦力。当扛着近100公斤重的大包在高高的跳板上行进时，两腿发颤间，暗想自己的人生为什么举步维艰，窄狭的跳板两边宛如万丈深渊。经常用"故天将降大任于是人也"之类的名言警句鼓励自己，通过自己的努力，我终于得以进入工厂的办公室工作，踌躇满志时，这家企业却经营不下去了，好在工作期间，我已通过自学，拿到了大学毕业证书。

适逢市里举行招收人民警察考试，在不抱多大希望的情况下，我竟然通过了笔试。由于平时性格内向，面试时我一度非常紧张，脑子一片空白。但好在自己平时比较注重知识的储备，冷静下来后还是比较顺利地完成了面试。面试后我和另一名竞争对手成绩难分伯仲，一起参加了体能测试。当时正值深秋，考生们为了在体能测试中取得好成绩，都只穿着背心和短裤，空旷的体育场上，冷风无遮拦地吹在我的身上，腿和胳膊的皮肤表面立即变成了橘子皮，起满了小疙瘩。跑完一千米后，我自感成绩不佳，瘫坐在枯草地上，久久不愿起来。回到家中，衣服也没有脱，就躺到了床上，带着一脸的泪水和疲惫很快就睡着了。在我已经对这次考试不抱希望的情况下，却意外得知我的竞争对手的体能成绩比我还要差很多。我获得了唯一一张参加最后体检的通知书。参加体检的那一天，我做梦也没有想到会遇到之前的那名竞争对手，而体检的地点都是保密的啊！我的身高与警察的身高要求有着几厘米的差距，一种不祥的预感爬上了心头。身高测试是体检中的最后一项，我稍微翘了一下脚跟，就顺利通过了这项体检项目。但此时我的竞争对手突然冲进了体检室，在得知我顺利通过了体检后，他红着眼睛在大庭广众之下指着我，高声喊：他的身高不够1.70米。他的做法遭到了大家的指责被请出了体检室，无地自容中，我重新进行了身高的测量……几天后，市公安局打电话让我去一趟，忐忑不安中，当我得知因身高问题而被定性为体检不合格时，感觉如同被当头泼了一盆冷水，怎么也想不通仅仅因为身高，就要被已经打开了的机遇之门再次阻挡在外。更令我无法接受的是，那名竞争对手因为我的退出，而得到了递补的机会，而他戴着深度的近视镜，也不符合招录警察规定中那些值得商榷的规定。这次打击让我在一年中都没有从痛苦中走出来，人生中第一次对社会公正产生了深深的怀疑。

因为文笔不错，不久我被招聘进一家机关工作。紧接着我恋爱了，爱上一位清雅质朴的女孩。她的工作单位不错，家庭条件优越。在得知我是一个来自农村的穷小子时，她的父母给她施加了很大的压力。最后一次见她，在她的宿舍里，不知情的我还在憧憬着美好的未来。她突然说：算了吧！我们之间算了吧！心再次沉入谷底，失魂落魄地回到自己的住所，苦思冥想，为什么自己的人生这么凄苦，命运如此多舛。

江苏的一位文友在得知我近几年屡遭不幸、心情郁结时，邀我一起去爬苏北的羽山。羽山海拔不高，不到300米的样子，但景色秀丽、山势陡峭，放眼望去几乎没有可以攀爬上去的路。沿着树木间的缝隙走走停停，手脚并用，唯恐脚下打滑，一失足成千古恨。费尽九牛二虎之力，好不容易爬到了山顶。站在山顶的巨石上，但见云低天清，雄鹰在头顶翱翔，山下广袤的水库仿佛缩小了的蓝天。心旷神怡中，我和文友一人躺在一块巨石上聊天，聊着聊着，有着失眠症的我竟然睡着了……

下山时，心情无比轻松。站在山脚下回望羽山，感觉山势虽然险峻，但不过如此罢了，并非高不可攀！看着我一脸愉悦的表情，文友说：羽山美吧！人生不如意事十之八九，要多看好的一面，每天在生活中尝试发现一点美，那么常年积攒下来，一生该有多么美好；而每天都生活在怨怼中，累积起来，一生都生活在抱怨中。

朋友的话让我豁然开朗，我冲他点了点头，捡起一块石头奋力扔到水库里。是的，你放大了苦难，它会一辈子压得你喘不过气来；你缩小了苦难，就可以像小石子一样把它扔掉！

★ 点 评

　　读完此文，我们既为作家的不幸经历扼腕叹息，又对作家的豁达胸襟肃然起敬。一生磨难的苏东坡唱出过"莫听穿林打叶声，何妨吟啸且徐行"的豪放，晚景不幸的黄庭坚长啸出"戏马台南追两谢，驰射，风流犹拍古人肩"的洒脱，他们又何尝不是伤痕累累呢！写作时，描写自身的荣辱得失，更易激起读者、老师的深切认同感；描写生平的惨痛磨折，更便于抒发积极向上的人生精神。这就是蕴含在文字中的悲剧美。

比赛是五个人的

作家心语： 没有团队精神的人，是无法走向成功的彼岸的。

凭借着较为丰厚的知识储备以及在大学期间发表的数百篇文章，大学毕业后，我顺利地通过了一家大型公司的笔试、面试，进入公司的宣传部工作。

宣传部在我到来之前已有四人。主任是一位看起来和蔼可亲的中年男子，三位工作人员全是花枝招展的女孩子。

对于我的加盟，他们表示了由衷的欢迎。尤其是在得知我曾在全国著名期刊发表过大量文章后，更是对我另眼相看，几位漂亮的女同事都向我投来欣赏的目光。

这样的礼遇是我预料之中的事。我故作谦虚地向同事们说了一些"以后还需要大家多多提携帮助"的客套话。心中却盘算着如何在试用期好好表现自己，以便引起老总的注意，从而得以留在这家待遇优厚利于个人发展的公司。

短暂的接触后，在得知同事们只是在行业报刊上发表过有限的几篇文章后，我对自己留在这家公司更是充满了自信。看着桌面上摆放的主任制订的全年宣传计划和他们以往发表的文章。我越看越皱眉，这样的宣传模式缺乏特色，根本无法体现个人的才华。

我将主任制订的宣传计划和安排的到街头散发广告单的任务置之脑后，按照自己的想法，积极投入文字宣传材料的撰写中。

不久，我写的宣传公司产品的"豆腐块"纷纷见诸报端。三个女同事围着我叽叽喳喳地嚷着让我用"稿费"请客，而主任则一声不响地走开了。

实际上在这之前，主任已不止一次地对我旁敲侧击：产品的宣传是有季节性的，单一的文字宣传，成效是非常有限的，只有在产品上市之前进行集中的、立体的宣传才会起事半功倍的效果！

对于他的意见，我不能苟同。我认为宣传部每一名成员的个人能力得到了充分的体现，宣传的力度自然就上去了。对于我的特立独行，主任不再干预，可能是他从中作梗，同事们和我也渐渐疏远起来。

木秀于林，风必摧之！我不由得发出这样的感慨。好在决定我去留问题的权力在老总那里。我相信我发表的那些文章，老总都会看到的！

离试用期结束还有一个月，一天老总点名让我到他办公室去一下。我的心一下子变得激动不安起来，我猜想，肯定是老总看到了我几个月来发表的数十篇宣传公司产品的文章，要和我提前签订聘用合同。

到了老总的办公室，老总正在观看一场NBA比赛。他示意我坐下，眼睛却不离电视屏幕。比赛间歇，插播了NBA明星所做的广告。明星们在展示了一番自己的球技后，都要说一句：你以为过去比赛的胜利是我一个人的功劳，但是说真的，比赛是五个人的！

这时，老总"啪"的一声用遥控器关上了电视机："你看到了吧！即使是篮球明星，拥有过人的才华，他也知道，要想赢得比赛，光靠个人单打独斗是不行的。你发表的文章我都看到了，你很有才华，但我们公司仍然不能留用你！我想，原因你是知道的……"

这次失败的工作经历，对我而言无疑是一次沉重的打击，但更是我一生都取之不尽，用之不竭的宝贵财富。不久，我应聘到另一家公司，由于接受了上一次失败的教训，我很快和同事们融为一体，并适时展现自己的特长和才华，职务也得以不断升迁。是的，个人英雄主义永远不能凌驾于整体利益之上，要想赢得比赛，必须记住：比赛是五个人的！

点 评

    泽林斯基说过，只有集体的努力，才会有真正的成就。奥斯特洛夫斯基对此"英雄所见略同"：谁若与集体脱离，谁的命运就要悲哀。文章中"我"自鸣得意的心理和遭遇辞退的结果，形成巨大落差，把"团队精神"这面主旗（主旨）旗帜鲜明地升起。同学们，当记叙文主题不突出时，我们也可以加强人物心理描写，反衬与现实的巨大差距，以便深化主题。

比珠穆朗玛峰还要高的山

作家心语：山外有山，狂妄其实就是一种无知的表现。

我所居住的小城举行征文比赛，文联的一位文友打电话告诉我，希望我也能参加这次征文活动。

这时我已经辞职在家从事专业创作两年。两年间在全国各大期刊发表了文章数百篇，同时也获得了国内许多大大小小的文学奖项。对参加这种级别的征文比赛，真的没有多大的兴趣。但又盛情难却，只能答应下来。既然参加了就有力拔头筹的想法，我便按照此次征文的主题，选了一篇过去写的文章发到这位文友的邮箱里。

时光如水流过，我很快就把这件事忘掉。直到两个月后，文联的那位文友再次打电话来，通知我第二天去礼堂领奖。我"嗯啊"着一副不在意的样子，心里实际还是比较得意，同时也暗笑这种级别的征文还搞什么颁奖典礼。

主持人在主席台上宣读获奖者名单，我在下面翻看着一张当日的报纸，耳朵却支棱着寻觅着自己的名字。优秀奖有十多人，看着他们一脸兴奋地上台领奖，我心里想，这些人根本算不上是写作者，顶多算是文学爱好者罢了；获得三等奖的都是在小报上经常抛头露面的作者，而我是从来不屑给这些小报投稿的；主持人在宣读获得二等奖作者的时候，我竟然听到了自己的名字，不会是开玩笑吧？我感到自己受到了莫大的羞辱，一个在省内都享有一定知名度的作家竟然会输给这些纯粹的业余作者，这是对文学的亵渎！我耐着性子，洗耳恭听获一等奖者的尊姓大名，听身边的人介绍，其中一位是中学教师，输给这样的对手，我心里多少还能勉强接受，另一位竟然是农民，我心里突然感觉这次征文很荒唐、很搞笑！心中发誓再也不参加这种无聊的比赛。

当晚，我约请了一位在中学当地理老师的同学小酌。酒桌上，我大肆发泄心中的不满，哀叹这样不公正的文学氛围怎么能培养出优秀的作者，选拔出真正的文艺精品。

"你知道世界上最高峰的名字吗？"看着愤愤不平、牢骚满腹的我，同学突然问我。

"不就是珠穆朗玛峰嘛！"我不知道同学葫芦里卖的什么药。

"错！那是一种假象。实际上在美国夏威夷的海底有一座名叫冒纳凯阿的火山，这座伫立于太平洋里的火山海拔高度超过4200米，其水下部分的高度在6000米以上，因此它的真正高度应为1万多米，比珠穆朗玛峰还要高出2000米……"

同学的话让我感到万分震惊！是啊，表面看到的高山未必是真正的高山，而一些真正的高山，都不显山露水，是我们无法用肉眼看到的。

★★★
点评

　　海到天边天作岸，山登绝顶我为峰，其实，这只是一种大气磅礴的梦想。在生活和学业中，我们永远是一只逆水行舟的蜉蝣，时刻怀着不进则退的担忧。若然自以为是，必定贻笑大方。作家通过一场令他感到羞辱的征文比赛，描述了"夜郎自大—愤愤不平—蓦然心惊"的心路历程，发出"天外有天"的感慨，提醒我们应韬光养晦，收敛锋芒。

她捡到了水晶鞋

作家心语：善良和美丽让她从一个灰姑娘蜕变成了一位女王。

　　她只是一个普通的女孩，自小家境贫寒。青少年时代，为了维持生计，她只能与母亲在市场上卖白菜、土豆和苹果。同时，还要照顾患了脑瘫的姐姐。

　　贫困的生活让她几乎没有吃饱过，但她已经习惯了饥饿，并没有对生活有过多的抱怨。令人惊叹的是，她的美丽却在如此恶劣的条件下如百合花般绽放。

　　她有着明艳、温柔和略带倔强的容颜，身材高挑、匀称、婀娜多姿，如风中之柳。

　　一天，一名顾客来到她的菜摊前。这名顾客非常挑剔，竟然要求她从一大堆蔬菜中挑出最红的胡萝卜和最饱满的白菜。这时天正在下雨，雨水很快将她美丽的长发和衣服淋湿了，但她却并未流露出丝毫不满，因为她想着要挣钱给姐姐治病，所以她一直微笑着不厌其烦地为这名难缠的顾客服务。

　　正是她的善良、耐心和美丽给她的命运带来了转机。原来这名故意刁难她的顾客竟然是一名星探！她出众的外表一下子吸引了他，为了考验她是否具有成为模特所必需的敬业精神，他故意扮作最令人头疼的顾客来考验她！

　　星探劝她前往莫斯科，参加模特培训班。当她出现在培训班的排练大厅时，在场的人不禁眼前一亮，她如同一块未经雕琢的璞玉，精灵般的气质给所有人留下了深刻印象。模特公司邀请她去巴黎发展，条件是在三个月内学会英语。她激动地给家里打电话：妈妈，我可以养活全家了！我可以挣钱给姐姐治病了！

三个月的刻苦学习，她学会了英语，踏上了前往法兰西的寻梦之旅。

初到巴黎，她才17岁，可爱的娃娃脸，深邃的宝石蓝色双眸，眉尖微蹙，她很快就成为纽约时装周上最抢手的模特，19个顶级设计师都邀请她为自己的时装走秀。

她就是被称为模特界传奇的娜塔莉亚·沃迪亚诺娃。如今，娜塔莉亚是全球最红的模特，是众多一流品牌的女神，是全球收入第四的超级模特。

在找到了事业的水晶鞋的同时，她也找到了自己爱情的水晶鞋。娜塔莉亚与贵族出身的丈夫贾斯汀·波曼邂逅在一次晚会上。这段感情进展非常顺利，在有了与波曼的爱情结晶后，娜塔莉亚毅然决定暂别如日中天的事业，独自生下孩子。尽管她知道模特的职业生涯并不算长，保持完美的身材和一定的曝光率非常重要，但为了这段感情，她甘愿洗净铅华，回归家庭。她的勇气和真诚深深打动了男友，波曼在圣彼得堡给了灰姑娘一场完美的婚礼。

儿子出生一个月后，娜塔莉亚便重返舞台，为路易威登拍摄广告。作为千万家财和贵族称号继承者的妻子，娜塔莉亚完全可以放弃工作，享受上流社会的豪奢生活，但她仍然活跃在时尚舞台上，献出自己的微笑和爱心。

实际上，在俄罗斯，像娜塔莉亚这样貌美如花的女孩并不少见，但并不是所有相貌姣好的女孩都能像她一样捡到事业、爱情的水晶鞋。不能否认，她的成功离不开命运女神的眷顾，但真正成就娜塔莉亚事业、爱情辉煌的是她为人处世的成功。在为人上，面对最挑剔的顾客，她能够做到不厌其烦；对待走秀，她就像当年卖水果一样，诚心以待、微笑迎人、兢兢业业。在处世上，她坚强、善良，有一颗金子般的爱心。面对困境，她毫无怨言；为了照顾患病的姐姐，她辛苦工作；出生在俄罗斯下诺夫哥罗德的她尽管定居纽约，频繁在欧美走秀，但故乡仍然令她魂牵梦萦，她赠给故乡下诺夫哥罗德一座设施完善的顶级儿童乐园，其中专为脑瘫儿童辟出一片乐土。为了爱情，她甘愿在事业的顶峰，回归家庭。正是秀外慧中的条件加上甘愿为事业爱情付出不计代价的勇气，成就了一个由灰姑娘到超级模特的传奇！

点评

　　有人问佛：为何不给所有女子闭月羞花的容颜？佛说：那只是昙花的一现，用来蒙蔽世俗的眼，没有什么美可以抵过一颗纯净仁爱的心。我把它赐给每一个女子，可有人让它蒙了灰。真正改变娜塔莉亚命运的不是美丽的外表，而是一颗仁爱纯净的心。作家讲述了一个灰姑娘变身白雪公主的现实版故事，而故事里的"水晶鞋"就是心灵美。同学们，我们写人物作文时，一定要重点描写反映主人公心灵思想的行为，只有这样才能把人写"活"。

成功源于热爱

作家心语：机会需要耐心地等待，而热爱就是最好的老师。

对于一个女孩而言，如果鱼与熊掌不可兼得，在实力和外表二选一的情况下，她多数会选择外表。漂亮的容貌对于事业，尤其是情感都有着推波助澜的作用，在日渐浮躁、一切都渴求速成的年代，美丽成了通行证，受到了社会极力的追捧。

从斯特里普在20世纪40年代末呱呱坠地时起，就注定了她与美丽无缘。她生于新泽西州的一个小镇，如一株不起眼的小草默默地生长。她的家庭里飘满了艺术细胞，母亲喜欢唱歌，而父亲擅长弹钢琴，在这种氛围中，她受到了潜移默化的艺术熏陶。当她大着胆子唱出人生第一句歌词时，母亲冲她竖起了大拇指，并耐心地指导她演唱。当一名歌剧演员成为了她童年最大的梦想。中学毕业后，她选择了耶鲁大学戏剧系，并积极参加各种演出，频繁尝试各种角色，为梦想而战。偶然间和电影的一次接触，让她茅塞顿开，瞬间改变了人生梦想。她发现自己热爱电影胜于戏剧，经过一番思考后，她毅然舍弃了旧爱，投入了更适合自己发展的电影的怀抱。

虽然她拥有卓尔不群的艺术气质和扎实的表演功底，但长相平平让她在电影这个"美丽事业"中并不被看好。她过高的颧骨、并不出众的体形受到了一些电影界人士的嘲笑。最落魄时，她只能到一家餐厅当服务员，演电影似乎已经成为遥不可及的梦想。

28岁那一年，一直不甘心失败的她，终于等来了一个机会，她参演了一部名叫《茱莉娅》的影片，在片中扮演了一个小角色。斯特里普自然清新的表演赋予了角色特殊的魅力，她让观众明白不漂亮的女孩同样可以令人着迷和倾倒，她与众不同的表演方式引起了美国影坛的广泛关注，其身上隐藏的巨大表演潜力也让许多导演瞩目。一炮而红的斯特里普并没有喜形于色，依旧保持着低调做人、高调做事的风格，好运也接踵而来，在随后参演的《猎鹿人》中，她首次获得了奥斯卡提名的荣誉。以后的几年，她在《克莱默夫妇》中扮演了一位与丈夫离异的妻子，在《苏菲的选择》中饰演了一位在纳粹集中营受尽种种磨难的母亲，斯特里普冷静而又朴实无华的真情演出为她赢得了电影界至高无上的荣誉——奥斯卡最佳女配角奖、奥斯卡最佳女主角奖，并由此奠定了当时在世界影坛"一姐"的地位，电影史从此进入了"梅丽尔·斯特里普时代"。在巨大的荣誉面前，斯特里普没有被冲昏头脑，继续接拍了《走出非洲》等一系列日后被影评人奉为经典的影片，成为了好莱坞的传奇明星。

随着年龄的增长，铅华渐褪，青春靓丽的新人如雨后春笋般成长起来，斯特里普参演的影片明显减少。但只要有她演出的电影都是叫好又叫座，在与当红的拥有天使面孔、魔鬼身材的女明星的比拼中丝毫不落下风。在《狂野之河》《廊桥遗梦》中的惊艳表现，更让人们感受到了她的睿智、柔情与坚强。也再次证明，她扎实的表演功底依旧无人能及。

源于对电影的热爱，本应功成身退的她近年来频频触电，并开始拓宽戏路尝试各种新角色。在年届花甲之年出演的两部电影出人意料地分别获得金球奖和奥斯卡最佳女主角提名。从影30年，斯特里普创下了两次奥斯卡封后，15次获得提名的纪录，迄今无人能够超越。

对于扑面而来的各种赞誉，斯特里普头脑清醒，都不以为意。她说，一切源于热爱，我只是喜欢在电影院里看我所欣赏的演员的表演，并从中获得灵感！是的，我从别人那里偷了东西，从中汲取了无穷的力量。观众是喜欢看电影的，而我是狂爱电影的。

热爱是一位"魔法师"，它把一位外表并不出众的女孩塑造成为电影史上的女王，它让一个华发渐生的女人成为了银幕上的不老传奇。

点　评

责任，是对工作的一种热爱。出于爱，斯特里普唱出人生第一句歌词；出于爱，斯特里普在餐厅打工苦苦等待机会；亦出于爱，斯特里普在《苏菲的选择》后开创了她的奥斯卡时代！本文在首段强调美丽容貌的重要作用，在结尾却告诉我们不出众的外表也能"逆袭"成功，而改变这一切的就是"热爱"。欲扬先抑，娓娓道来，水落石出，主旨自现，这正是写作中常用的手法，值得同学们认真学习。

在垃圾时间里闪光

作家心语： 小角色本身表现的机会就少得可怜，但这也正是你证明自己的机会。

在体育运动竞技场上，一方有五人或超过五人参与的集团项目对抗，如篮球、足球、排球等运动，在比赛大局已定，领先方优势明显已不用担心比分被对方赶上，落后方也无力扭转败局的情况下，实际上比赛就已经进入了垃圾时间。

此刻，双方主教练都心领神会，不约而同地把场上主力换下，以便这些主力干将有更充裕的休息时间，尽快恢复体力，应付后面更加艰苦的比赛；同时换上一些平时很难有机会上场比赛的替补球员，或是新引进的球员，期待在这短暂而又难得的垃圾时间里，锻炼新人，甚至发现明日之星。

在垃圾时间出场，这样的处境多少令人有些尴尬，因为此时比赛的胜负已定，失去了悬念，观众已昏昏欲睡，甚至开始纷纷离场。于是在这个无人鼓掌的舞台上，我们看到，有很多球员在垃圾时间表现得懒懒散散，而仍有一些球员在这有限的时间里表现得格外卖力。表现懒散的球员也许在以往的垃圾时间里打得特别勤奋，但并没有因此唤醒观众的热情、引起教练的瞩目，于是他们可能就此认为，无论自己如何努力，也无法摆脱"垃圾"的命运，这样的球员将在今后的比赛甚至是垃圾时间也很难再有出场的机会，他们会在观众的视线中迅速消失；而能够获得在垃圾时间连续出场的机会，一直竭尽所能全力展现自身价值的球员，实际上他们的才华和坚韧品质已尽收教练和观众的眼底，这样的球员，教练会给予他们越来越多的出场时间，他们对球队的贡献越来越大，并会逐步占据球队主力的位置。

说出来令人难以置信，实际上，垃圾时间不会埋没真正有才华的球员，几乎所有的超级明星都是从垃圾时间里走出来的，足球场上的球王贝利、马拉多纳和当今如日中天的天才少年梅西，篮球场上的科比、姚明、易建联，他们都曾经是"垃圾时间"里的常客，他们通过在垃圾时间里的一连串的闪光表现，抓住了这稍纵即逝的机会，最终坐稳了球队的主力位置，成为万众瞩目的巨星。

由此看来，垃圾时间在成功者和失败者的理解中有不同的含义：如果你认为它是垃圾，那么就可能无法摆脱当"垃圾"的命运；如果你认为它是机遇，并愿意为此做出坚持不懈的努力，那么，它将会成为你走向成功的天梯！

点 评

本文由点到面，从竞技场上对垃圾时间的不同态度进行"点"的阐释和剖析，再拓展到"面"的列举，通过贝利、马拉多纳等巨星善用"垃圾时间"展现自己的事例水到渠成得出结论：视"垃圾"为"机遇"的人更容易成功。"由点及面"的构思使论证更深刻，更具说服力。

唱给母亲的歌

他出生在山西大同的一个小山村，受当地民风影响，自小热爱唱歌。几乎每一天，他都要面对着空旷的大山，扯开嗓子动情地放声高歌，唱了一遍又一遍，直唱得树木枝叶抖动，天上的白云忘记了飘移……

他的歌声陶醉了别人，也陶醉了自己。凭借着一股自信，20世纪80年代他离开了家乡，参加了一个草台班子。草台班子里的演员来自五湖四海，都是"老江湖"了，而他还只是一个十几岁的孩子。

草台班子的老板见他年纪小，对他只管饭，不发演出费。但他仍然感觉很满足，因为他最大的理想就是站在最闪亮的舞台上，唱自己最喜欢唱的歌。很快，凭借高亢而浑然天成的嗓音，他成了草台班子里的台柱子，他的歌声总能赢得乡下观众最多的掌声。

有一年，他们到秦岭的一个县城演出。几个南方演员怂恿他：你现在是戏班子里的台柱子，很多观众都是冲你来的，你应该让老板发演出费给你。他想想不无道理，就鼓足勇气向老板提出演出费的事。老板听后并没有说什么就走开了。

第二天一早醒来，他就发现戏班子已不知去向。是的，他被老板无情地抛弃了。在当地群众异样而怜悯的眼神中，他感到既绝望而又无地自容。他以为自己应该算是一个"角"了，可在老板的眼里，他只是一个可有可无的人，在别人的心中，他仍旧是一个可怜虫。

为了证明自己的实力，他参加了无数的比赛。1988年，他第一次报名参加了中央电视台青年歌手大奖赛，但初赛就被淘汰出局。以后每两年一届的这项赛事，他都报名参加，整整16年，他参加了全部九届比赛。直到最后一次，那就是2004年。

在这十几年间，他饱尝了人生的尴尬、失败和无奈。因为他与众不同的唱法，每一年在报名时，他都会在民歌、通俗歌这两个项目间被踢来踢去；由于他未受过任何正规训练，他的歌声并不被评委认可；唱了近20年，此时他已经35岁了，对于一个从事歌唱事业的人来说，这样的年纪仍旧在歌坛上一无所获，几乎可以断言成功已离他渐行渐远。当时的他，基本绝望了！

2004年，中央电视台星光大道栏目推出了一项平民歌手大赛。他抱着"再试最后一次"的想法报名参赛。

令他始料未及的是，也许是上天眷顾了他的勤奋，他金属般、极具穿透力、不加雕饰的嗓音和极其罕见的高音，赢得了观众和评委的一致认可。在近一年的比赛中，他从200多名选手中脱颖而出，先后获得周冠军、月冠军，并赢得了争夺年度总冠军的资格。

由于最后筛选出来的选手都非常优秀，他一度失去了争夺冠军的信心。半决赛中，他遇到了一位强劲的对手。那是一位少数民族乡村教师，乡村教师和孩子们朴实无华的表演赢得了观众的泪水和掌声。面对竞争对手近乎完美的表演，他几乎绝望了，怎么也不敢走到舞台上来。他断定自己无论怎么努力，也无法超越对手，而输了以后，就无法进入最后的冠军决赛了。导演和工作人员开始轮番劝慰他、鼓励他，整整20分钟，巨大的心理压力让他都未敢抬起头来。

时间一分一秒地过去，就在大家都以为他将放弃比赛时，他终于出现在了舞台上。

他首先真诚地称赞了对手的精彩表演，然后告诉观众：他的母亲在不久前身患肺癌去世了，而母亲临终前的愿望，就是他能够获得这项赛事的年度总冠军，这就是他最终走上舞台的动力。他的母亲生前最爱听的歌曲是《山丹丹花开红艳艳》，所以他要把这首歌献给母亲！

他忘情的演唱彻底征服了评委和观众，他一举杀入了决赛，并最终获得了年度总冠军。

他就是原生态民歌手阿宝。成名后的阿宝得以留在了他梦想中的城市——北京。但他仍旧常常回到令他魂牵梦萦的故乡，因为那里才有母亲的味道！

★ 点　评

历尽风雨才见彩虹，久经磨难方成正果，一次次跌倒一次次爬起；一次次绝境，一次次突围。阿宝的故事很好地诠释了"执着铸就辉煌、坚持成就梦想"的人生哲理。文章多种描写手法并用，通过对人物语言、心理的精雕细刻让读者由远及近走近人物，与之融为一体，情节一波三折，让读者在唏嘘中慨叹，在紧张中展颜。

把沙滩变成金子

作家心语：在有心人的眼里，到处蕴藏着成功的机遇。

摩西是肯尼亚的一名青年，由于居住地濒临沙漠，他和附近的居民经常为生存发愁，一望无际茫茫的沙漠让他对未来充满了迷惘和无奈。

有一次，荷兰人博滕贝格到肯尼亚旅游时偶然结识了摩西。博滕贝格在荷兰是一名企业家，他见摩西家庭生活非常困难，便将随身携带的数码相机送给了他。

聪明的摩西在把玩相机对着沙漠拍照时，灵光一现，发现了商机。他惊奇地发现沙滩上有人画出的字符，从摄像镜头看，显得非常古朴，意境深远。比起他看到的圣诞节贺卡要精美漂亮有意义得多。摩西把自己的想法告诉了博滕贝格。荷兰人认为，在祝贺亲友生日或节日快乐时，摩西的创意不失为一种新颖有趣的选择。

在博滕贝格的鼓励下，摩西以沙滩为作坊，把数码相机当工具，开始经营这项特别的生意。他在班布里海滩的细沙上书写贺词和收件人姓名，再用相机拍摄下来，然后将数码照片以电子邮件的形式发送出去。这项奇特的生意在起步之初并不容易，因为摩西所住的小镇上并没有通电。电子邮件和互联网对他而言仿佛天方夜谭。但经过不懈努力，摩西终于成功地将第一张沙滩数字明信片邮寄给身在荷兰的博滕贝格。他也由此摆脱了贫困。

摩西的做法也感染启发了附近的居民，在摩西的帮助下，他们都靠此营生解决了生计问题。

现在，世界各地的求购者花12.5欧元就能在网上或者邮局买到这种能用6种语言书写的沙滩明信片。摩西和他的邻居们在送给他人祝福的同时，也得到了源源不断的回报。

点　评

"人生没有绝境，只有绝境的思维"，又想起那句经典的话"生活中不是缺少美而是缺少发现"，对商机而言也是这样，选择一篇文章的素材更是如此。一片司空见惯的沙滩，摩西发现了商机。而作者又巧妙地让我们从摩西的故事中明白：只要你善于发现，机会就在你身边；只要你善于利用，素材也会取之不尽，用之不竭！文章的标题很有吸引力，让人好奇、让人心动，能激发读者的阅读兴趣。

万事开头易

> 作家心语：万事开头其实并不难，难的是坚持做下去。

少年时代，第一次跟随父母来到地里收割麦子，开始时感觉非常新鲜、好玩，远没有想象中的那么辛苦。但割着割着，逐渐感受到了农活的艰辛和不堪重负。长时间弓身令人腰酸背痛，炎炎的烈日让我汗流浃背。无数次地直起身子，望着总不见少、一望无际列队等待收割的麦子，第一次领略到万事开头易而坚持难的人生内涵。

2008年的欧洲足球锦标赛，橙衣军团荷兰队，开局阶段在预选赛、小组赛都势如破竹、顺风顺水，夺冠呼声名列欧洲各队之首，但随着比赛的深入进行，荷兰队出人意料地完败于黑马俄罗斯队，最终止步于四强。

美国NBA的篮球赛场也不例外，常规赛在NBA一个赛季的赛事中，只能被称为开幕赛，真正艰苦的较量在季后赛。在2007—2008赛季中，科比率领的湖人队常规赛战绩在西部名列第一，但在随后的季后赛中，对困难估计不足，致使其早早出局，无缘最后的总决赛。

人生的初始时光是快乐纯真、无忧无虑的，伴随着年龄的增长，生活会变得越来越艰辛无比：学业的压力、就业的压力、生存的压力，排山倒海般，压得人喘不过气来。工作上，找到一个工作岗位相对是容易的，但其后与同事的相处和在单位扎下根来却是一件费神费力的事；爱情上，初恋是容易的，但真正做到两情相悦及以后的长相厮守是无比艰难的。君不见，美军进军伊拉克和以军攻占加沙是易如反掌的，但随后即陷入了举步维艰、难以自拔的窘境。

"万事开头难"是胆小的人吓唬胆子更小的人的鬼话，它束缚了我们的思想和前进的步伐。"万事开头易"的思维模式则指导鼓励我们多闯、多做、多尝试，并对其后遭遇的困顿和挫折做好思想准备。每一个老去的人，后悔没做的事远比后悔做了的事要多得多，因为他们都被"万事开头难"给吓住了。而成功的人士则不同，他会在心中对自己大喊一声：这件事没有什么了不起，我来了，看我的。

在成功人士的身上，我们看到，事业的开头并没有想象中那么难，只要你放手一搏，再坚持不懈，就会体会到成功的喜悦！

点　评

　　反弹琵琶、逆向思维使作者的观点新颖独特。人说"万事开头难"，本文偏要阐释"万事开头易"，可谓独辟蹊径。在考场作文写作中，为了避免与其他同学的观点撞车，不妨换个角度，这种"俗语"新说、"格言"新解的构思更容易抓住阅卷老师的心，使自己的文章在立意上鹤立鸡群。

胖女孩也能飞

作家心语：长相是与生俱来的，别为你的相貌发愁。

她是一个胖女孩，生性直率而又倔强，因为喜欢唱歌，她每天要唱十几个小时，家人喊她吃饭，也无法让沉浸在音乐中的她罢手。

音乐资质出众的她音域像大海般宽广，嘹亮的高音仿佛雄鹰在天空中翱翔。当兵时，满以为能当个文艺兵，但最终只当了一个通信兵。

没有人否认她的音乐才华，没有人能够忽略她动听的歌声。但大家更愿意当听众，而不是当她的观众。这一切都是因为，她的身材太胖了，长相也不甜美。

在偶像派走红的当时，几乎所有人都把目光瞄向了那些有着魔鬼身材和天使般面容的歌星。没有人愿意给她提供上场唱歌的机会。虽然她唱得远比那些所谓的歌星要好得多，胖身材成为了她演艺生涯中的致命伤和"挡路石"，也成了她心中拂之不去的隐痛。

她尝试过减肥，但减来减去，没有成功。后来她想：胖就胖吧，我就是要继续唱歌，总有一天，观众会接受我……

决心好下，背后的坚持才真正磨炼人的心志。岁月轮回，花开花落，几年间，她高亢的歌声从未停歇。

坚持给了她机会。20世纪90年代初，香港艺人柯受良来到内地进行飞越长城和黄河的表演。她也有幸参加了一次试飞期间的文艺演出。

178

　　柯受良发动车准备试飞的时候，突然停了下来。他转身问身边的工作人员：这是谁的歌声？有人告诉他：这是她的歌声，一个不出名的歌手。柯受良说：她的歌声很有震撼力，给了我勇气和力量……就这样，她得以成为柯受良正式飞越时的一名参演歌手。

　　也正是在那场万众瞩目的飞越中，她有幸结识了央视的一名导演。在导演的引荐下，她见到了《半边天》的主持人张越——一位同样身材臃肿但内秀、卓越不凡的女人。张越慧眼识珠，被她的才华所折服。在张越的邀请下，她在1997年参与了《半边天》节目。看到话题是"不要为你的相貌发愁"，内心坚强、自信而又敏感的她一度非常尴尬，想退出，但碍于情面，最终硬着头皮完成了那期节目，并由此声名鹊起，被广大电视观众所熟知。

　　她的人生由此发生了巨大的转变，1998年，她的第一张个人专辑《雪域光芒》一经面世，一炮而红，其主打歌《家乡》和《雪域光芒》在各流行音乐排行榜上独领风骚。接着她又先后演唱了《青藏高原》、《美丽的神话》等经典歌曲，她的事业如日中天！成名后的她内心一度有些浮躁和膨胀：你们不是看不上我，嫌我身材胖吗？我不还是出名了！但这样的心态在半年后就平息下来。因为她意识到这样的想法非常危险，最终会失去朋友和观众。要在以往，如果耳闻目睹娱乐记者乱写她及其文艺界朋友的新闻时，她甚至会有揍那些记者的想法。但如今的她已经学会了容忍：娱记们也要吃饭，养活家人，他们心里未必想这样做。多年的磨砺让她学会了宽容、理解和在乎别人的感受。

　　如今她的名字，大家已经非常熟悉，她的歌声已经飞遍了五湖四海，并被广为传唱。韩红——凭借自己的超强实力、坚忍不拔和不懈努力演绎了一个丑小鸭变成白天鹅的童话。

点 评

　　心理学上有这样一条法则——要使心里渴望表现为雄心，就必须将理想呈现到头脑之中。当你足够渴望，你的意志也就会被激发出来。本文巧设"悬念"，让读者在层层迷雾中猜测，这个胖女孩是谁？怎么圆的飞翔梦？随着故事的发展，拨云见日，原来她是大明星韩红！作者不说韩红而说是"胖女孩"，不可不说是用心良苦。巧用"悬念"法能极大吸引读者的阅读兴趣，让阅卷老师在卷海中带着"悬念"读到最后，击掌叫绝。

放弃也是一种生存智慧

作家心语：坚持错误的方向，就会离目标越来越远。

一棵被锯去主干的大树，树墩周围长满了侧枝，这些侧枝长啊长，冀望着能重新长成一棵参天大树。但结果是，有一天，它们努力营造的这片绿色招来了一群羊，羊群把这片绿色轻易抹掉了。其实，谁都知道，即使没有羊群的破坏，它们也是绝对不会再长成大树的。

当触犯了众神的西西弗斯机械地重复一个不甘失败的动作时，旁观者除了感叹，更多的是对他的这种坚持抱有一份悲悯和同情。

在一次文联举办的聚会中，我认识了这样一位文友，小学文化，在家务农，不知是不是真的出于对诗歌的迷恋，他从此踏上了不归之路。他的诗作大家都看过，歪歪扭扭地抄写在一个大本子上，文化低和写字差实际都不是问题，关键是他的作品格调低下、用词粗鄙不堪，写了十几年，没有发表过一篇作品。在他的大本子上，只有一些当地诗词界的名家给他的留言，也正是这些不负责任的鼓励的话，使得他在人生的道路上走向极端。家中的农活他是一点不干，顶着一个诗人的名头，实际是一名懒汉，四十多岁的人，邋里邋遢，浑身上下一股酸臭气，妻子最终离他而去，在创作上的坚持不懈使他最终成为真正的孤家寡人。当他捧着自己的诗作请人指正，当他声泪俱下讲述自己创作的艰辛，最终导致妻离子散时，对于他在诗歌上的坚持，别人再也不敢讲一句褒扬的话，大家除了劝慰，更多的是哀其不幸，怒其不争，他在不属于自己的道路上的盲目坚持，已把他的生活拖入了深渊。

　　智者的坚持是对形势有着准确的判断，愚者的坚持是对自身处境的懵懂不清，有时候放弃也是一种生存智慧，因为一意孤行、顽固不化的坚持注定要以惨烈的失败为代价！

点　评

　　文章用树墩周围的侧枝期望长成参天大树来比喻下文一个愚钝文友的盲目坚持，可谓匠心独运。并非所有的坚持都能开出美丽的花朵，就看我们的选择是否符合自己的实际情况，这样的立意也是独树一帜，让人眼前一亮！一条道走到黑、不撞南墙不回头的坚持未必值得鼓励。人对梦想的追求要以对自己的清醒认知为前提，人对生活的态度要以起码的快乐和幸福为标尺，否则就会事倍功半、得不偿失。

常摊儿

作家心语：人精明过度，其实是一种愚蠢。

我每天上班要经过一条繁华的柏油马路。从我上班的路线算起，在这条不到1000米的路上，路头、路中、路尾分别开了三家自行车修理铺。

由于我每天都骑着一辆破单车上班，因此和修理铺打交道的机会并不算少。

有一次出了家门，刚到路头，自行车车胎被扎了。我就到路头那家修理铺补胎。老板很热情，手脚也麻利，三下两下就把胎补好了，收费也还公道。

没承想，这以后，我的自行车车胎三天两头在路头被扎。因此我也得以经常光顾路头这家修理铺。

夏季的一天，我加班到深夜，回家的路上，在路头差点撞倒了一个人。借着微弱的路灯光，我定睛一看，正是路头修车铺的老板。我刚要道歉，猛然间就看到地面上有零星的亮晶晶的玻璃碴儿，他戴着手套的手里还有一把没"播种"完的……

不久后的一天，上班的路上，我感觉车胎充气不足，就到路中的修车铺找个打气筒充气。在我们县城，修车铺打气筒是免费给行人使用的。但我给轮胎打完气以后，一脸精明的老板冷冷地抛出一句：五角钱！我付完钱转身离去时，他还在背后阴阳怪气地补了一句：世上没有免费的午餐！

都怪我那辆破自行车不争气，第二天，我刚出家门，刹车线又断了。我迎着那两个修理铺老板诧异的目光，硬是推着自行车来到了路尾那个修理铺。老板年纪轻轻，给我换完刹车线后，看到车链锈迹斑斑，又给上了一些机油。最后他只收了更换刹车线的费用。

转眼间两年过去了，这条柏油马路，只有路尾那家自行车修理铺还在营业，且越做越大、生意兴隆。

点 评

"问渠那得清如许？为有源头活水来"，这篇源自生活、高于生活的小文在娓娓道来的素朴叙述中令人回味悠长。没有细致的人物外貌描写，只借几次小小的修车经历，几个动作、几句话，三家修车老板的形象已跃然纸上。在复杂多变的经济形势下什么样的摊位能是"常摊儿"？路头、路中与路尾的摊主在品行上构成对比，结局自然不同，蕴含的道理不言自明：人行于世，只有多行善举方能广结善缘，在竞争中立于不败之地。

表面文章

作家心语：表里如一的人，才会得到大家的尊重。

我住的小区附近有好几家杂粮煎饼店，这样的店多是夫妻店，租一个不大的门脸儿，放下一架小型煎饼机就能够边生产边销售了。

新开张的这家煎饼店，女主人干净利落，她不像有些卖煎饼的老板那样不讲究卫生，这边收完钱，也不洗手，那边又去给顾客拿煎饼。她专门准备了一个盛钱的敞口的盒子和一个拿钱的夹子。钱正好，就直接让顾客扔到盒子里；大额钞票，她就用夹子把钱夹到盒子里，让顾客自己到盒子里找零。

她的这一举动，深得小区居民的赞许，一时间，大家都来买她家的煎饼。而另外几家煎饼店生意惨淡，店主们不知道究竟输在哪里，等到他们回过味来，也开始在卫生习惯上下功夫时，居民们已把后来开张的这家煎饼店作为不二之选。

妻子甚至认为，这家的煎饼既卫生又好吃。因为有一次妻子去买煎饼时，亲眼看到这家煎饼店的男主人忙碌中用手拿过钱后，又想去拿煎饼，被他的老婆严词训斥了一番，让他打上肥皂后仔细地洗手方才罢休。对此，我深不以为然：几家煎饼店的煎饼都不是手工做的，味道应该差不太多；那个女人当着我们的面手不碰钱，谁知道她背后讲不讲究卫生？对于我的猜疑，妻子反唇相讥：你这样的人就该饿死！废话少说，去买三元钱煎饼吧！

我把硬币投掷到纸盒里时，出现了"投失"的问题，其中一枚硬币在盒沿碰了一下，像青蛙一样跳到桌子上，滚了一阵，在桌角"卧倒"了。拿着煎饼转身欲走的刹那，我突然想看看老板娘如何处置那枚"调皮"的硬币。夹子显然不好用。店内并无他人，我侧过脸，用眼睛的余光瞥了一眼桌角的硬币，我并不愿意看到但又在预料之中的一幕出现了：那个女人飞快地用手拿起硬币投进了纸盒里，待另一个顾客前来买煎饼时，她没有用肥皂洗手，又若无其事地去拿煎饼。

回到家我把这个秘密告诉了妻子，妻子半信半疑。不久，又有人偶然间看到那个卖煎饼的女人在店里用手数钱，数过钱后，照例为不知情的顾客拿煎饼。一传十，十传百，小区居民对她所做的"表面文章"深感愤怒。从此，她家煎饼店的生意一落千丈，最后只能关店走人。

实际上，生活中像这种自作聪明善于在大庭广众之中做"表面文章"的人不在少数，可以糊弄他人一时，但最终捉弄的是自己，只能落得个凄凉的下场。

点 评

一家小小的煎饼店从开始的顾客盈门到最后的关门走人只是因为"表面文章"。其实这样立意的文章并不少见，最让人佩服的是作者从细微处捕捉生活细节的能力。聪明反被聪明误，自作聪明的人最终要露马脚、被人厌弃。作者以小见大，从小处着笔，挖掘出人生大道理，让人深思，令人警醒。

足球场上的"勺子射门"

作家心语：真正的强者，在任何环境下，都会保持放松的心态。

在世界大赛上，最早使用"勺子踢法"的球员当属帕连卡，作为捷克斯洛伐克队的队员，他在1976年欧洲杯决赛上第一次使用了这种飞行弧线近似勺子形状的踢法。帕连卡也因这一神来之笔，而载入世界足球史的史册。

"勺子踢法"真正在足球场上扬名立万，归功于法国著名球星齐达内。2006年的世界杯决赛在法国队和意大利队之间展开，开场仅仅7分钟，法国队就获得罚点球的机会。在万众瞩目下，谁也没有想到，主罚点球的齐达内在事关球队生死的比赛中，竟然采用了有点玩笑性质的"勺子踢法"，意大利队的世界最佳门将布冯，只能眼睁睁地看着皮球从自己的头顶画出一道美丽的弧线，进入球门。虽然齐达内在随后的比赛中没有控制好自己的情绪，头顶不断用语言挑衅他的马特拉齐，被驱逐出场。但他石破天惊的"勺子踢法"，还是奠定了其足球大师的地位。

2012年的欧洲杯，"勺子踢法"再现江湖，英格兰和意大利的比赛，双方120分钟不分胜负，只能依靠点球，来决定一张四强门票的归属。意大利队的中场核心皮尔洛作为本方球员第三个出场，他一记"勺子吊射"，将球罚进。这成为本场比赛的转折点，凭借皮尔洛的"勺子射门"，意大利队淘汰了英格兰队，昂首进入四强。在紧接着的一场半决赛中，由排名世界第一的卫冕冠军西班牙队对阵C罗领衔的葡萄牙队，双方在常规比赛中打成平手后，不得不进入残酷的点球对决。西班牙球星拉莫斯在操刀射门时，再次使用了"勺子踢法"，他的轻松进球，将压力转移到了对手身上，西班牙队最终击败了葡萄牙队，进入了决赛，并夺得了最后的冠军。

"勺子踢法"真的有那么神奇吗？其实这种射门方式并不玄妙，说白了就是一种吊射。稍有足球常识的人都知道，面对从点球处的射门，守门员根本无法做出及时的反应，主罚点球的球员，正是利用守门员的赌博心理向一处侧扑时，故意将球打向中路，并且将球搓得又高又飘，恰巧可以从已经倒地的守门员头顶掠过球门。令守门员措手不及、防不胜防。

"勺子踢法"看似简单，但在巨大的压力下，使用"勺子踢法"也要冒很大的风险。因为稍有不慎，被守门员看出端倪，站在原地不动，球员踢出的"勺子点球"就会被轻易抓获，从而成为笑柄。而铁杆球迷们都知道，在世界大赛上，敢使用"勺子射门"的球员凤毛麟角，基本由几个成名已久的球星包办。由此可见，举重若轻的勺子踢法，并不是人人都可以效仿的。勺子踢法除了要求队员要具备高超的脚下技术外，还必须拥有超强的心理素质和无与伦比的勇气。

用最简单、轻巧的办法化解压力，去解决最困难、复杂的问题，不仅适用于运动场，同样适用于生活中的方方面面。看透了这一点，也就真正领会了人生的真谛；做到了这一点，就可以享受到从容、轻松、快意的人生。

点 评

读这篇文章就像在听一场场精彩的足球比赛解说，语言精练专业，起承转合也恰到好处。文章最妙之处在于对"勺子踢法"神奇描述之后笔锋一转到了"用最简单、轻巧的办法化解压力，去解决最困难、复杂的问题，不仅适用于运动场，同样适用于生活中的方方面面"的主题上，这样的主题升华就像看到足球场上的那一脚大力射门，不禁让人拍案叫绝！

"慢热"的冠军

作家心语：隐忍是走向冠军之路的重要因素。

如果你是一个足球迷，就会发现，世界上一些重要足球赛事，都有一个奇怪而又令人深思的现象：凡是在小组赛中，或者说在决赛之前进行的比赛表现得特别抢眼的球队，一般都很难得到最后的冠军。

2012年的欧洲杯再次印证了这个规律。在小组赛上势如破竹的德国队，一度成为本届赛事的最大夺冠热门。而卫冕冠军西班牙队在决赛之前则表现得不是太令人满意，排出的"460"无前锋阵形，更是遭到了许多球迷和媒体的嘲笑。而在磕磕绊绊进入决赛后，西班牙队竟如秋风扫落叶般4：0狂胜意大队，最终如愿夺得冠军。

2006年世界杯上的阿根廷队，云集了诸如梅西、里克尔梅等天才球员，在南美赛区预选赛上就一路高歌猛进，力压世界冠军巴西队，以该赛区第一名的成绩昂首挺进了德国世界杯。在小组赛上，阿根廷队的冠军相就显露无遗，在对阵东欧强队塞黑队的比赛中，阿根廷队踢出了本届杯赛最赏心悦目、激动人心、不可思议的比赛，以6：0狂胜对手，其强大的攻击力令所有参赛球队都胆战心惊。大多数球迷和足球专家都由此认定阿根廷队将夺得最后的冠军。但结果却事与愿违，他们被德国队挡在了四强门外。另外一支南美劲旅巴西队，也似乎陷入了这一怪圈。在历届世界杯上，巴西队都被列为夺冠大热门球队，但只要他们在小组赛上表现得特别突出，就几乎可以断定这支球队无法夺得该届赛事的冠军。反倒是2002年日韩世界杯，巴西队在南美赛区预选赛上踢得非常狼狈，差一点没有进入世界杯的赛场，但也就是在那届杯赛上，巴西队夺得了最后的冠军。

2008年的欧洲杯更是一届颠覆传统、不可思议的赛事，小组赛战罢，四个小组的头名都被挡在半决赛门外，尤其是无冕之王荷兰队，在小组赛上大比分战胜了世界冠、亚军球队意大利和法国队，被视为那届赛事夺冠的最大热门球队，在半决赛上却意外完败于在欧洲赛场上默默无名的俄罗斯队，继续着"无冕"的尴尬。

在世界足坛上，最著名的"慢热"球队当属意大利队，他们在参加的每项重要赛事的小组赛上，都表现得令人提心吊胆、不敢恭维。但最后进入决赛的往往是他们。在2006年世界杯上，在小组赛上表现得并不突出的意大利队力斩夺冠热门球队德国队和法国队，捧得了最后的冠军奖杯。

也正是"慢热"的球队往往能够夺得冠军这一原因，一些欧美强队开始在小组赛上都有意保存实力，隐忍不发，控制自己的状态，让球队像攀登楼梯一样，一步一个台阶向上走。因为他们知道，踢得最得意忘形、肆无忌惮的时候往往是最危险的，任何一支球队都无法保证每一场比赛都处于最佳状态，状态出得过早，只会更快地陷入低谷，同时会让下一个对手看清自己的进攻套路和防守漏洞，因此，他们要把最好的状态留给最重要的比赛。

"慢热"是一种刻意的隐忍，这是成功必须具备的宝贵品质，把拳头收回来，表面看起来是一种退缩，但再打出去的拳头则更有力量。狂热追求目标的结果往往适得其反，反之，不显山露水，把准备工作做好、做足，厚积薄发，前进中遇到的困难就会逐步迎刃而解，取得最后的成功就是水到渠成的事了。

点 评

　　"慢热"的不应只是足球夺冠，更应是处理事情的良好心态，作者以他睿智的笔墨带着读者从足球冠军的成功履历中揭秘成功的根源，像指点迷津的大师，让读者收获宝贵的人生经验。"提出问题、分析问题、解决问题"层层深入，使文章论据充足、说理透彻、深刻有力。此外，本文简洁明快的语言，层层递进的结构也是一大亮点。

第5辑
没有翅膀也可以飞翔

打牌真的很像经营人生。谁的运气都不会永远好，只抓好牌，不抓孬牌；谁的运气也不会永远差，只抓孬牌，不抓好牌。我们看到周围有太多抓到所谓"好牌"的人，把人生搞得一团糟；而一些抓到"孬牌"的人，用坚强、智慧和冷静同样获得了绚烂多彩、令人瞠目结舌的成功！

钓鱼

作家心语：在利益的诱惑下，聪明的人也会变得愚蠢。

初中毕业那年的暑假，显得格外漫长。母亲看到百无聊赖的我实在无事可做，就破例允许我独自外出去钓鱼。

鱼竿是母亲在院子里的竹林里砍的，翠绿笔直，比起市场上卖的钓鱼竿要漂亮多了。一大清早，我买来了鱼线和鱼钩，母亲帮我拴好。我在菜园里挖了十几条蚯蚓，装在了一个小玻璃瓶里，戴上一个宽大的墨西哥帽子，扛着鱼竿就出发了。自我感觉恰似一个意气风发的西部牛仔。

那时，我家住在城郊接合部，走出家门，沿着一条马路步行20分钟，路边就有一条小河。

当我在河边的一棵大树下安营扎寨的时候，附近村子里几个八九岁的孩子，依偎到我身边。这个摸摸我宽大的帽子，那个握了握我的鱼竿，看到他们爱不释手的样子，我越发得意与自豪。

我小心翼翼地把蚯蚓穿在鱼钩上边，右手抓紧鱼竿，抓住鱼钩的左手绷紧鱼线，然后迅速松开鱼钩，鱼钩像荡秋千一样，在空中画了一道漂亮的弧线，准确跳进了河中央。几个农家孩子被我娴熟的动作惊呆了，一个个张大了嘴巴。他们羡慕的眼神，让我的虚荣心得到了极大的满足。

小河里显然鱼少得可怜，在河边待了有一小时，也不见有鱼咬钩。几个孩子开始做起了游戏，我不由得急躁起来。夏日的骄阳越升越高，纵使在河边的树下，也感受不到一丝的风，汗水开始从额头上不断地滚落下来，甚至流进了我的眼睛里。我越发坐立不安，一边用毛巾擦汗，一边犹疑着是不是该打道回府。带着这么好的一根鱼竿出来，花费了几乎一个上午的时间，一条鱼没钓到，这样两手空空地回去，一定会遭到家人的耻笑。我决定再坚持一会儿，哪怕是钓到一条几厘米长的鲢鱼，也算是给自己挽回了一点面子。

"哥哥，我们村里有个养鱼池能钓到鱼。"看到我半天没有收获，一个小孩也替我着急。

"养鱼池里的鱼怎么能允许钓呢？我要去钓的话，肯定会被抓住。"我暗笑小孩的幼稚。

"你不能去钓，但我们能去钓。看护养鱼池的人不会抓我们！"那个孩子笑了，露出了豁牙。

"哦，养鱼池离这里有多远？"我有点动心。

"离这里很近的，你把鱼竿给我们，我们钓到鱼后，把鱼竿和鱼一块儿送还给你！"另外一个孩子也开了口。

我思考了有两秒钟，还是把鱼竿递给了那个豁牙的孩子。他们拿着鱼竿，转眼间消失得无影无踪。

十分钟过去了，他们没有回来。我有一丝担心。

半小时过去了，依旧不见他们的身影，我开始胡思乱想起来，是不是鱼竿被养鱼的人没收了。

一小时以后，我想明白了。那几个小孩和我的鱼竿都不会再回来了。

郁闷透顶地回到家中，我告诉母亲，鱼竿在钓鱼时，由于用力过大折断了。如果说实话，我的面子可丢大了。

这次钓鱼的经历可真够离奇晦气的，鱼没有钓到，反而被那几个孩子，不，应该是鱼钓走了我那根珍爱的鱼竿。

点 评

　　一根心爱的鱼竿，一次失败的钓鱼经历，主人公之所以被几个孩子捉弄，还是因为自己贪图利益。考场作文，如果能抓住故事的多向性，通过一个故事表达一种感悟，同时还蕴含着深一层的道理，就让作文有了一定的深度，从而也让故事有了耐读性。

喜欢不喜欢的

作家心语：这个世界是包罗万象的，人心也要学会包容。

小时候家中种了一棵香椿树，一到春天，香椿树都会冒出一丛丛绿中带紫的香椿叶，远远地就可以闻到一股怪怪的味道。我有些不解地问母亲："香椿叶气味这么难闻，为什么还叫'香'椿啊？"母亲笑着回答我："你闻着味道怪，可是别人闻着可能很香。"我不满地嚷道："香椿叶都快把我熏死了，你快把它移到别处去栽吧！"母亲用食指戳了我脑门一下："闻着臭，吃起来香，回头在饭桌上就怕你见了它谁也顾不上！"母亲边说边摘香椿叶，摘完后还是把香椿树移到了我家院外的菜园子里。

母亲用家中自种自收的黄豆和做豆腐的邻居换了一斤豆腐，然后把豆腐细细切成无数个小方块，和已经切碎的香椿叶拌在一起，加上盐，并滴上两滴香油。兴许是香油的作用，顿时满屋飘香。我用筷子夹起一口放在嘴里，并没有闻起来那么香，香椿叶的异味让我皱起了眉，勉强咽到了肚里，却再也不想吃第二口。此后许多年，饭桌上再也不肯吃香椿拌豆腐，甚至懒得看它一眼。

渐渐地在生活中，我发现有很多和我一样在吃上忌口的"志同道合者"。有的同事和我一样从不吃香椿叶，有的朋友不吃鸡，我的太太不吃鱼，更不可思议的是，我七岁的女儿竟然不喜欢吃菠菜。在我家的餐桌上也就从来都看不到鱼、菠菜和香椿叶。我感到一阵温暖，最起码在忌口上我不是孤单者。从此我在不吃香椿叶上表现得更加理直气壮、态度坚决。遇到劝吃者，我会有理有据将对方的营养均衡论攻击得七零八落。

一次到山区参加生态旅游。正是春天。吃饭时分，老乡们端来了各式各样的当地时令土菜。看到了一道油炸的金黄的可能是鲢鱼的菜，饥肠辘辘的我夹起一块，吃了起来。不是鲢鱼，应该是蘑菇吧，吃起来非常香脆爽口。我问老乡："是什么菜？这么好吃！回去后我也要学着做。""是香椿啊！香椿叶裹着鸡蛋清炸的。"老乡的回答让我惊诧万分，原来我一向深恶痛绝、十几年老死不相往来的香椿叶也可以做得这么香！

回去后就用老乡教的方法炸香椿叶，太太和女儿都大呼好吃。以后我又开始尝试用豆腐拌香椿叶。在太太和女儿的带动下，我也慢慢喜欢上了吃香椿叶。现在，我甚至会想："自己以前怎么那样蠢啊，这么好吃的一道菜，怎么以前竟然不喜欢吃呢？真是可惜了！"从香椿叶上我吸取教训、举一反三，开始引导太太吃鱼、女儿吃菠菜，时间不长，鱼和菠菜都成为了我家餐桌上的固定菜系。由里及外，我开始用自己的实际行动影响那些在吃上"忌口"的朋友。在我的带动下，他们都有了不同程度的改变。我们都惊奇地发现，以前不喜欢的口味实际上并没有那么讨厌，有些以前不喜欢的食物甚至成了我们日后的"最爱"。

由食物联想到了与他人的交往。我开始反思自己过去的交友方式，以貌取人、以社会地位交友、以个人好恶密疏他人，无疑都是错误的处世方式。我去尝试和过去不喜欢的人交往，我惊喜地发现，以前眼中一些又臭又硬的石头都在循序渐进的交流中被打磨成了熠熠闪光的宝石。去努力尝试喜欢不喜欢的人和事，过往眼中烦扰的人生已然变成了美好的画卷。

> **点　评**
>
> 　　一次生态旅游，让作者对一直厌恶的香椿刮目相看，并感受到了香椿的美味。作者由此联想到生活中的人际交往，这种反思，改变了固有的思维模式，尝试去喜欢不喜欢的人和事，是很多人不愿去做的事情，作者正是运用这一逆向思维，让故事呈现出让人眼前一亮的效果。由此可以看出，让作文出彩不难，关键是要深入思考。

事要做，话要说

作家心语：尝试去做自己并不擅长的事，人生必须勇于挑战自我。

自小我就是一个性格内向的人，平时少言寡语。见到生人就爱脸红。

上了小学后，情况依旧，其实我的嗓音不错，在参加学校举行的一次朗读比赛中，还得到了年级第一名。但这并没有改变我不好说话的性格。上了中学后，更是很少与同学交流，班里但凡有需要个人单独发言的活动，我都借故不参加，我的好嗓音就这样白白浪费掉了。慢慢地我变成了一个笨嘴拙舌的人，看到其他同学能说会道，我也非常羡慕！为此，一度非常苦恼，但后来学习古文时看到 "君子欲讷于言而敏于行"的古训，我仿佛为自己的不善言辞找到了借口。

就这样一直闷声不响地完成学业，参加了工作。所幸我没有当上领导，也没有走上教师的岗位，就没有了直面听众讲话的机会和恐惧。

少年时代，我就喜欢读书和写作。工作后，依旧笔耕不辍，并且取得了一点成绩。有杂志社邀请我参加笔会，在开座谈会之前，我内心忐忑不安，只能提前把自己的发言稿写好。开会时，我彻底傻了眼，其他与会的作者都显得很放松，全部脱稿，侃侃而谈。最后只有我低着头，僵硬地把发言稿读了一遍。我知道，其实自己的发言内容不错，我的普通话也是字正腔圆，唯一不足的，就是自己不敢脱稿发言，唯恐自己离开了发言稿，思维短路，不知所云。

正是怕什么来什么，参加完笔会回来后，地方两家电视台又要来采访我创作的情况，我借口不想接受电视采访，但没有推掉。第一次接受采访，内心紧张万分，当镜头对准我的时候，更是不知道该说什么，磕磕绊绊完成了采访任务，我大汗淋漓，发誓以后再也不上电视节目了。一天后，节目播出，我以为自己在电视中的形象一定非常不堪，但实际效果比我想象的要好一些。再次接受电视采访时，我提前做好准备，对着镜子练习，把自己说话的内容录下来，反复听，查找不足。这一次的采访过程，果然要顺利许多。通过两次电视采访，我感觉自己的口头表达能力得到了较大提高，同时也进一步提升了自信心。

以后，我对口语表达越来越重视，因为我认为事要脚踏实地地做，话也要条理分明地说，通过自己的口语，表达内心的思想和人生感悟，这种形式显然比书面语言来得更方便、更直接！

点　评

短板，每个人都有，直面它却是需要勇气的。敢于突破自我，才能体味到生活的另一种美好。作者用朴实的语言娓娓道来，带给我们一种心灵的震撼。考场作文，最忌辞藻华丽，却虚于表面，用最真挚的语言，表达出内心的真挚，就会让人感受到震撼的力量。

花开有因

作家心语：花草不能摆放到错误的位置，对待学生也要因材施教。

立冬那一天，到一个朋友家中做客。跺掉鞋上的雪渍，进入家门的刹那，看到她家中叶绿花红、吊兰流翠，一派春意盎然的景象，令我惊羡不已，感觉自己仿佛从冬天一步跨入了春天。

朋友园林般温馨的小家触动了我敏感的神经。一向对养花不感兴趣的我，决意把这些充满生命气息的花花草草也请进我的家中。到了花市，才真正让我眼界大开，天哪！原来看起来普普通通的花草可以打理得这么风情万种、仪态万方，置身于花市中，仿佛听到花草的窃窃私语声和滋长拔节声，那跃动着的勃勃生机让人心旷神怡、精神振奋。

在确定我是养花的生手时，花店老板推荐我养一些比较"泼辣"的花草，容易打理，一般也不会轻易死掉。我买了吊兰、仙人球、金钱草，希望这些"春天"的种子能在我家中生根发芽、枝繁叶茂。

令人郁闷和遗憾的是，这些在花市中长得精神抖擞的花草，一进入我的家中，全都变得萎靡不振。有心向花店老板请教一下"花经"，又怕人家嘲笑我连最好养的花都养不好。想当然地为花草浇水、施肥，但事与愿违，花草仍旧一副营养不良的模样。希望变成失望，所有的努力好像都是南辕北辙、付诸东流，自认为不是一个养花的人，索性由它们去吧！

家中花草命运的改变，在于一次那个养花朋友的回访。她进入我的家中，看到那几盆士气低落、好像吃了败仗的花草，一脸惋惜的模样。

我羞愧难当，后悔没有事先将这些不争气的花草处理掉，让朋友抓住了我"东施效颦"的把柄。

朋友好像没有看出我的难堪："以前没有养过花吧？"

"呵呵！是啊，是啊！"我有些尴尬地坦白。

花是不能这样养的！要讲究方法。她语气温柔地教导我，像吊兰，不能放在阳光下曝晒，而应该把它放在卧室或者是客厅里，这样不但利于吊兰的生长，而且能净化室内的空气；而仙人球是喜欢阳光的，你却把它放在避光的地方，并且浇了那么多水，这会让它涝死的；金钱草是喜欢水的，你给它浇水少了，所以它们全都是垂头丧气的模样……如果把花草摆放对了位置，并了解了它们的特点，即使像吊兰、仙人球、金钱草这些看起来不起眼的花草也是能开花的！

朋友的一番话让我茅塞顿开！由此联想到教育孩子的问题，每一个孩子都是独一无二有着其鲜明的优势和特质的，了解了孩子的这些特点，因势利导，孩子就会健康地成长，其特长也会得到充分的发挥；而忽略了孩子的这些特点，孩子就会像放错了位置的花草，身上快乐的天性和特长就会慢慢消失并且最终枯萎掉。

★ 点 评

　　小事不小，一棵花、一株草，繁茂的背后，是园丁的心血和汗水。由此延伸到孩子的教育问题，让家长茅塞顿开。花开有因，可是有太多的人忽略掉了这个关键的问题，所以养不好花也是在所难免的事情。本文从养花的细处着眼，反衬出教育中存在的问题，这样的辐射效果运用到考场作文中，会让人眼前一亮。

有一种帮助叫伤害

作家心语：人要有爱心，但助人也不能是盲目的，要讲究方式方法。

中学放学回来后的女儿一脸闷闷不乐，吃饭时用筷子把菜拨拉来拨拉去，也没吃几口。饭后我问女儿怎么了，她说："今天我们考试了。"我问她考得怎么样，她说得了一百分。我说："考得不错啊，这是应该高兴的事，你怎么不高兴呢？"

"可我的同桌没考好，他只考了60多分，受到了老师的批评！"她依旧嘟着嘴。

"原来是为了同桌没考好而不高兴啊！那你平时多帮帮他。"

"今天考试的时候，他想偷看我的试卷。我犹豫了好久，最终没有给他看，结果他就没考好！爸爸！你说我是不是有点像他说的那样太小气了，在考试的时候，我应该帮帮他！"

"当然不能在考试的时候帮他！"我斩钉截铁地回答女儿，"你可以在平时帮助他，但在考试的时候帮助他，实际等于在害他。"

"帮助他怎么会害了他？"女儿吃惊地睁大了眼睛。

我给女儿讲了两个故事。一个是她小时候亲历的。冬天时，鱼缸里的金鱼一动也不动，安静地潜伏在水中。为了让金鱼暖和一些，善良单纯的女儿把她妈妈刚冲的热果汁倒进了鱼缸里。结果金鱼不但没有享受到温暖和美餐，反而很快死掉了！女儿为此哭了一个多小时。

　　另一个故事，发生在山区，一对心地善良的猎人夫妇收养了一个狼崽儿，他们用自己也舍不得喝的牛奶喂养小狼，小家伙在悉心照料下长大了。长大后的狼俨然把猎人夫妇当成了自己的亲生父母。猎人夫妇打算把这头人工喂养的狼送回到同类当中去，但狼群已经视它为异类，不断攻击它，而这头狼也不愿意回到狼群中。这对夫妇为此非常后悔，后悔没有尽早把狼崽儿送回狼群中。从此，他们呼吁人们如果真心爱护动物，就不要去领养野生动物，与它们发生过于密切的接触。因为这样的接触与呵护表面看来是一种帮助，实际上只是一种令人痛心的伤害。

　　通过这两个故事，我告诉女儿，帮助也是要讲究方式方法的，有益的帮助是雪中送炭，给他人以温暖，而有害的帮助是火上浇油，只能让受助者坠入深渊。

点　评

　　有一种帮助叫伤害，这题目就带给读者一丝悬疑。通过两个故事的注解，给读者揭晓了真相。好心办坏事，主要原因还是不讲究方式方法。本文最吸引人的地方在于悬疑效果运用得好，考场作文中，如果能很好地运用这一点，必会给作文添色不少。

感恩还是愤怒？

作家心语：生活是无法彩排的，你可以去经历，但想不到结果。

周六的早晨，我骑自行车带着五岁的女儿到公园里去玩。

刚到公园门口，"咯噔"一声，突然感觉自行车轮被什么东西卡住了。我赶忙刹车，紧接着就听到女儿的哭声。不好！肯定是顽皮的女儿将脚塞到车轮里了。

我慌忙停好车，过去察看，果不其然：女儿一只脚上的鞋子卡在车辐条里。还好，脚后跟只是擦破了一点皮。否则，我的罪过就大了！母亲和妻子会埋怨死我。

听到女儿的哭声，本来很冷清的公园门口一下子聚集了很多人。大家纷纷上前询问孩子的伤情，把我感动得一塌糊涂。

以前我总认为当今社会人心日趋冷漠，相互之间缺少关爱之情，如今现实给我上了生动的一课。我为以前的想法感到脸红与羞愧，逐一向大家表示感谢。

人群散去后，充满感恩与幸福感的我推着自行车带女儿回家。蓦然发现早上出门放在车筐里的钱包不见了。钱包里的钱不多，装着一天的菜金。

天哪，生活真是一位情绪反复无常出尔反尔的老师，刚刚告诉我要学会感恩，又马上教会了我愤怒！

点　评

　　本文篇幅短小，却达到了出人意料的效果。生活永远都是变幻无常的，所以任何时候我们都要保持警惕的内心，才能让自己在时光的激流中免受伤害。本文从平缓的记录开始，却在最后来个大反转，从而给读者留下了深刻印象，这也是让习作出彩的方法之一！

被水淹死的鱼

作家心语：要把清水还给鱼儿，要把快乐的童年还给孩子。

那天早晨晨练，经过一条河边时，看到河岸上有一条活蹦乱跳的鲫鱼。我猜想它是由于调皮不小心蹦到岸上的，便用双手捧起这条鱼，重新把它放入水中。令我意想不到的是，这条鱼并不领我的情，"哗啦"一声又从水里蹦到岸上。我索性好事做到底，再次把它放入水中，但这条鱼也再次跃到岸上来。几次三番，在我的执着努力下，这条鱼终于没有了跳跃的力气，老老实实地待在了水中。

第二天清晨，又经过了那条河边，发现一条死鱼漂浮在靠近岸边的水面上。我定睛细看，应该就是我昨天救助的那条鲫鱼。

看到我望着那条鲫鱼发呆，一位过路的老人说道："河水被污染了，这条河里的鱼都快死光了。"我这才明白那条鲫鱼为何三番五次地从河里蹦到岸上了。

在教育孩子的问题上，家长也常犯类似的错误，总是想当然地认为学习学习再学习才是作为学生的根本，在被无限拔高的期望值冲昏头脑的情况下，家长几乎无一例外地希望把自己的孩子培养成全才。孩子不能按照家长的要求去学习，简直就像鱼离开水那样离经叛道、不可救药！

事实上，绝大多数的中国孩子都是在沉重地学习，所以他们中的许多人早早地就戴上了近视镜，甚至驼了背。不要说如临大敌的中考、高考，仅仅是平常的一些小考，就足以折磨每一名学生和其背后家长的神经。成绩出来后，出类拔萃的永远是少数，大多数人都陷入了黑暗之中！孩子的痛苦是表面的，多是和面子有关；家长的痛苦是由表及里的，面子只是小问题，可以用时间来治愈，家长更忧虑的是孩子的前途问题。在当前就业难的大趋势下，追求名校成为家长和学生们的唯一选择。在这样的背景下，家长逼孩子学习似乎也是无奈之举。

孩子本来是应该快乐地生活成长的，在教育被就业、舆论等社会环境蹚浑了水后，结果是非常可怕的，不仅让许多孩子出现了厌学、畏学的现象，更扼杀了孩子享受自由、美好生活的天性和希望！

点　评

一条鱼不甘心的跳跃，延伸出对孩子教育问题的弊端之所在。许多家长成了那条被污染的河，但却毫无察觉。这篇文字，为家长们敲响了警钟：让孩子享受自由蓝天，把快乐的童年还给孩子。生活中的某些现象不是孤立存在的，在考试写作中，如果能把生活现象和现象背后的本质连贯起来，警示别人的同时，也就赋予了习作更多的内涵。

高傲的道歉

作家心语：在现今这个社会上，做了错事愿意真心道歉的人越来越少了。

几年前，我到北方的一座小城出差。途经一个十字路口的时候，看到有交警在值勤，一辆警车停靠在路边。

一对年轻的男女骑着自行车从警车旁边经过时，车门猛然间打开了，正好碰在了女孩的手臂上。女孩"哎哟"一声，停下车来，一脸痛苦的表情。

那名本来准备从车内出来的交警迅捷而轻快地说了声"对不起"，然后又返回车内，眼睛漠然地望向远方，好像眼前的事已经与己无关。

他的这种傲慢的道歉，惹恼了这对青年男女，围观的群众也纷纷指责伤人者的恶劣态度。那个交警依然一脸的无所谓："我已经道了歉，还要怎么样？"在其他交警的劝说下，事态才得以平息。

我不是喜欢看热闹的人，但这个事件让我从头看到了尾。我有生以来见到过许多种道歉，但从来没有见过交警道歉，尤其是这种高傲的道歉。当道歉不是以一种低姿态出现时，那么这种道歉本身就是虚伪的道歉，既得不到接受者的谅解，又同时彰显了道歉者的狭隘品行，并使其错上加错，在错误的道路上渐行渐远……

点　评

　　一次高傲的道歉，让我们看到生活中不和谐的一面。原本只是一朵浪花，却因为过错方的傲慢态度激起千层浪。作者将笔触瞄准道歉这样一件小事，却折射出人性的狭隘。考场作文中，考生善用小事，巧用小事，一样可以书写出荡气回肠的作文。

植物的智慧

作家心语：动植物身上的智慧，值得人类去借鉴学习。

不止一项试验表明植物具有解决问题的能力，它们能够根据对环境的估计来有计划地生长，还能使用创造性的方法击败来犯之敌。

牛津大学的科琳·凯利于1992年进行了一项关键性的研究，凯利将一些单独的菟丝子须（一种不进行光合作用的寄生植物）移植到营养状况不同的山楂树上。结果发现，菟丝子更可能缠绕在营养状况好的寄主上，而拒绝营养状况差的寄主。它在从寄主身上吸取养料之前就显示出了这种拒绝和接受的反应。它具有解决问题的能力，能够选出哪个寄主值得去缠绕，哪个不值得。

植物面临挑战时也会显示出令人匪夷所思的智能行为。以蒿属植物为例，当受到昆虫的袭击时，它会向空气中释放挥发性的化学物质，发出有掠食者出现的信号。这些化学物质会向其他植物发出警告，让它们多产生一种防御剂。而昆虫是很排斥这种防御剂的。金合欢树就会产生一种味道不好的单宁酸以阻止动物啃食自己。被捕食过的金合欢树的叶子会释放一种气味，其他同类会识别出，然后在捕食者到来前释放自己的单宁酸，这会令捕食者望风而逃。

而另外一些植物防御外敌的办法更令人叫绝。玉米、烟草和棉花遭到毛毛虫啃食时，它们会产生化学物质吸引寄生类黄蜂前来。寄生类黄蜂会将自己的卵放入啃食植株的毛毛虫体内，然后毛毛虫将死去，并养活黄蜂的幼虫。最近的研究还显示，野生烟草会"偷听"蒿属植物间传递的信息，并以此来增强自己的防御能力。

　　置身于社会之中，每一个人都不可避免地要面临许多困难和挑战，而解决问题能力的高低最终决定了一个的成功与否。对待突如其来的难题和麻烦，植物的聪明举动对于人类而言，具有很好的借鉴意义。

★ 点　评

　　大千世界，万物靠智慧生存，才能在千万年的物种进化中延续下来。作者描写几种植物的智慧生存，却意在表达其对人类生存的借鉴意义。文章在结尾处，将道理升华得朴实自然。像这类文章，在考场写作中，要学会把握住主题的升华，否则就成了平实的记录。

授人以渔的结果

作家心语：做事情要分清地点场合，在泳池里，如果穿着睡衣，别人会把你当作异类。

一位农民挑了一担粮食来到了集市上，路人看到他的粮食颗粒饱满，纷纷要买他的粮食。这位农民说道："粮食先别买，我先给大家传授一下种粮的知识吧！"众人闻之皆四散而去。

一位渔夫，捕鱼技术精湛，每天都能捕到很多鱼。除了自家吃和卖掉一部分外，还剩下一些鱼无法处理。他的妻子喊来邻居，要把剩下的鱼分送给邻居们。这位渔夫说："鱼就别送了，让我教教你们如何捕鱼吧……"他的话还没讲完，邻居们都拂袖而去。

一位医生临街开了一家诊所。有人前来看病，这位医生说："人吃五谷杂粮，都会经常得病的。这样吧，我教给大家一些医学知识，那么今后，你们有病时，就可以为自己治病了。"病人大怒："你才真有病呢！"

一位富翁在一个十字路口看到了一个衣衫褴褛的乞丐。乞丐已经好多天没吃东西了，饿得奄奄一息。富翁对乞丐说道："让我来教你如何赚钱吧！"乞丐把一口唾液吐到了他的脸上。

点　评

　　面对他人的求助，贵在雪中送炭；面对他人的求教，才可授之以渔。作家笔下的农民、渔夫、医生和富翁就是因为对求教和求助混淆不清，才遭到了冷遇。我们在写作时，可以立足于类似此种新颖的观点，"反其道而行之"地写出新见解。

阿尔及利亚鸡爪

作家心语： 存在即价值，世界上本就没有真正无用的东西。

北非的阿尔及利亚首都阿尔及尔是地中海南岸最大的海港城市之一，阿尔及利亚以伊斯兰教为国教，当地人的肉类食品以鸡、牛、羊肉为主。阿尔及利亚人吃鸡只吃鸡身，因此，在阿尔及尔的餐馆里，厨师会把鸡头、鸡爪全部用刀剁掉，弃之不用。在阿尔及利亚，鸡爪显得毫无价值可言。

在当地做工的中国人发现了阿尔及利亚人这种饮食习惯，便向他们索要剁下的鸡爪，厨师会慷慨地免费奉送。中国人回去后将鸡爪经过煮、炒、烹、炸，就能享受到美味的午餐或晚餐。后来，到餐馆索要鸡爪的中国人越来越多。餐馆的老板不再免费奉送，开始标价出售给中国人。在阿尔及尔，鸡爪的价值开始体现出来。

鸡爪在阿尔及利亚前后不同的遭遇告诉我们：世界上许多表面上看起来微不足道的东西实际上都是有价值的，关键是要有一双善于发现的眼睛！

点　评

　　任何事物都有两面性，很多时候我们往往只注重表面现象，却忽略了其背后的价值。被阿尔及利亚老板丢弃的鸡爪，在中国人眼里却是宝贝。作家为文章取了一个新鲜的题目——《阿尔及利亚鸡爪》，瞬间抓住了读者的眼球，让人不由自主地阅读下去。文章用最后一句话，点明了主题，善于发现，才能让原本不起眼的东西发挥最大价值。本文短小精悍，但是揭示的道理却是不平凡的。

没有翅膀也可以飞翔

作家心语： 困难，在坚强面前，也只能缴械投降。

在非洲一片寸草不生的沙漠中曾生活着一棵古树，它的树龄足有1800多年。这棵在沙海中生长的树看起来老态龙钟，被肆虐的风沙摧残得伤痕累累。但每年它都会冒出新芽，其顽强的生命力令人惊叹不已！

植物学家经过研究发现，这棵树叫金合欢树，当地恶劣的气候条件并不适合这种树木的生长。这棵金合欢树能够生存下来，并不断茁壮成长，完全得益于其超强的忍耐力和生命力。

在残奥会上，我们会惊奇地发现失去双臂的运动员也可以参加游泳比赛，这样的场景令人震撼！从电视上我知道，在台湾有两位身残志坚的小朋友。一位是叫邱俊玮的小男孩，自小患肌肉萎缩症，全身上下只有一根手指能动，但他喜欢画画，他用画笔来实现自己的愿望，如今他已出版了两本画册，举办了一次画展；另一位是名叫馥华的小女孩，小时候家中发生火灾，作为受害者的她只剩下了听力，但她通过点头创作了200多首诗。更难得的是，两位小朋友通过一次聚会成为了好朋友，坐在轮椅上的他们互相安慰、互相鼓励，在创作上亲密合作，以诗入画，以画入诗，乐观的生活态度令所有人都肃然起敬！

或许我们所处的环境并不适合我们成长，但只要在心中种下坚强的种子，一样可以长成参天大树；也许生活对我们不公，让我们天生就与大多数人不同，但只要有梦想，经过了千锤百炼，失去了双臂，也一样可以游泳！

点　评

　　一棵古树，两个残障儿童，为我们诠释了没有翅膀也可以飞翔的道理。这样的故事，总是能给我们内心以鼓舞和力量。文章的题目，给人很深的感触，为本文增色不少。题目是文章的"眼"，在考场作文中，出色的题目，不仅引人注目，更能为习作添彩。

跨越人生的"斯诺克"

作家心语： 跨越人生的障碍，首先要跨越心理的障碍。

"斯诺克"的英文单词就是障碍的意思。在丁俊晖成名之前的20世纪90年代，有一段时间，我曾一度非常喜欢打"斯诺克"。但由于水平有限，所以很难真正领会到"斯诺克"运动的魅力。

随着丁俊晖、梁文博在"斯诺克"大赛中的声名鹊起，国内电视台转播的各项"斯诺克"赛事骤然增多。这让我有更多的机会观赏到"斯诺克"世界顶尖高手的较量。观看这样的比赛越多，越使我不由得把这项运动和人生相联系。不是吗？认真体会，人生不就是在打"斯诺克"吗？打好"斯诺克"的关键是调节好"母球"走球的线路和如何破解"斯诺克"，经营好自己的人生同样要掌握好下一步的人生方向和如何成功跨越前进中的困难。

人生可能有一段春风得意的时光，就像是"斯诺克"运动中的进攻，要想顺风顺水、高歌猛进、一路狂奔，就需要精于算计，在走出第一步棋时，就要把下一步棋如何走考虑清楚，只有步步为营，才能逐步向成功靠拢。但毕竟"金无足赤，人无完人"，是人就会犯错，是人就会有失误的时候，一旦在进攻时得意忘形，很可能就会暗沟翻船，造成一招不慎、满盘皆输的结果。

人生更多的时间是与平淡无奇、压力重重、苦苦挣扎相伴，就像是"斯诺克"运动中的防守。那么平淡无奇时，就让我们学会找到生活中的乐趣；压力重重时，学会调节好失衡的心理；苦苦挣扎时，要对未来充满期望。

人生常常也会遭遇"斯诺克"（障碍），这种障碍可能是社会、他人或自己造成的。在这种困境下，你好像看不到一丝生活的希望，如果一味钻牛角尖，悲观绝望，结果只能向生活投降，在苦难中越陷越深。而调整思路，换一个角度思考，很可能就会绝处逢生，在与生活磨难的碰撞中溅起成功的炫目的火花。

点　评

打好"斯诺克"，与走好人生路，是如出一辙的道理。作者把打"斯诺克"，与人生相联系，又把人生遭遇的障碍，联系到打"斯诺克"上，其实道理都是相通的。作者有一颗敏锐的心，才能将人生道理诠释得这般生动。诠释道理，往往容易流于无趣，但是作者打破了这个怪圈，将道理掰开揉碎融入生活中，又从生活中提炼道理，这样就让文章生动、耐读起来。

纸牌人生

作家心语： 人生命运，其实就掌握在自己手里。

已经立秋，由于"秋老虎"作怪，天热久寐难眠，待妻哄孩子睡熟后，各持一扇来到院子里一棵银杏树旁，于灯光之下石桌之上玩起了纸牌。实际上我和妻皆不是好玩牌之人，更多的是想享受夏夜如花的繁星和晚风。

由于家中只有一副纸牌，为防止双方知己知彼。便将纸牌一分为二来打，玩的是北方小孩子也会玩的"争上游"。手中牌的好坏纯粹靠抓牌时的运气，就像人不能选择自己的出身一样。运气好的话，生在富贵之家，锦衣玉食，养尊处优；运气一般，生在普通家庭，节衣缩食，尚能解决温饱问题；运气差的话，生在贫苦之家，家徒四壁，缺衣少食，营养不良。于是一开始抓到"普通牌"和"差牌"的人，便期盼着他们能够抓到想要的"好牌"来改变命运。实际情况是，你最想得到的"牌"往往得不到，得到的"牌"你又不想要。一种人便眉头紧锁，唉声叹气，感叹命运的不公。还有两种不服输的人，不甘于命运的安排，为了在角逐中取得胜利，一种人开始投机取巧、不择手段，"藏牌"、"掖牌"，浑水摸鱼。这种行为风险很大，一旦东窗事发，则身败名裂，侥幸成功了也遭人诟病。另一种人则韬光养晦、卧薪尝胆，等待机会，因为这种人相信，自己手中的"牌"不好，可能别人手中的"牌"也不好，甚至更差；即使别人的"牌"比自己好，只要把主动权抓在自己的手中，沉着应对，合理出"牌"，少犯错误，也一样会有获胜的机会。

打牌真的很像经营人生。谁的运气都不会永远好，只抓好牌，不抓孬牌；谁的运气也不会永远差，只抓孬牌，不抓好牌。我们看到周围有太多抓到所谓"好牌"的人，把人生搞得一团糟；而一些抓到"孬牌"的人，用坚强、智慧和冷静同样获得了绚烂多彩、令人瞠目结舌的成功！

点　评

　　打牌中讲的是社会中的芸芸众生，如何经营好自己的学习和生活。抓到什么牌，不是我们自己能决定的，无论手中的牌好与坏，都能凭借坚强和智慧赢得成功才是最主要的。文章看似是描写打牌，其实是在揭示人生道理。这样的对比描写，容易引起读者的共鸣。

自己骗自己，长大没出息

作家心语： 自欺欺人，最后吃亏的只能是自己。

有时候你不得不承认人是有差异的。但也要明白，在某些方面你可能表现得很差劲，在另一些方面你可能就会表现得更胜一筹。

我自小学起，就非常顽皮，既不喜欢学习语文，也不喜欢学习数学，但奇怪的是，我的数学成绩非常糟糕，语文成绩却出类拔萃，有了作文课以后，我写的作文更是经常受到老师的称赞，被作为范文在课堂传诵。

我的母亲是一位语文老师，我是她四个孩子中最小的一个。她不能容忍我在小学时期就"东边日出西边雨"，"偏科"得如此严重，于是在繁忙的公务、家事之余，她会在每天一大早起床后，顺便也把我叫醒，直到看到我哈欠连天捧着数学课本时，她才会满意地离开。节假日也不放过我。但我的数学成绩并没有因此而提高，我自己心里清楚，每天手捧课本的我只是在装样子，心早就飞到九霄云外去了……

有一年暑假，母亲为我准备了十几张每张足有一平方米的白纸，折叠出一条条的横格线，让我在完成暑假作业的同时，"顺便"加做一些数学题，来提高数学成绩。我知道母亲没有时间来检查她布置给我的作业，便找了一些数学训练题，也不在纸上抄上原题，只是胡乱写上计算步骤与答案。实际上没有原题作为对照，即使母亲检查，也无法判断答案的对错。但每天看到我在伏案疾书，母亲都会露出欣慰的笑容。

开学后，我把胡乱写满答案的十几张白纸连同暑假作业一起交给老师。不明真相的老师很惊讶，当着全班同学的面狠狠地表扬了我，说我学习刻苦。恬不知耻的我虚荣心在那一刻得到了极大满足。

但不久后的一次数学测试，让我洋相百出，成绩仍旧差得离谱。

如今，我的女儿已经上了小学一年级，我把自己过去的故事讲给她听。我说："学习是我们实现心中梦想的一种工具，在学习上千万别装样子，自欺欺人做表面文章那是爸爸过去的强项，你千万别再玩这种把戏了，否则，我会瞧不起你！"

点 评

儿时顽劣，在学习上与母亲斗智斗勇，事后证明了当时的自己只是在"耍小聪明"。当时光远去，反过头来回想的时候，才会觉得那是在自欺欺人。故事听起来很熟悉，因为许多人在过去都或多或少做过类似的事情，但是进行反思的人却不多。作者把自己的亲身经历讲给女儿听，这就比讲道理更具说服力，同时也避免孩子故技重演、重蹈覆辙。

有一些纷争本可以避免

去年临近春节的时候，陪一位朋友去交电话费。服务大厅里人很多，朋友在排队的时候，我猛然想起自己也该交网费了，便来到交网费的窗口。窗口前早已站了五六个人，也没有排队，都手里拿着钱，扬着手臂，努力伸向收费人员的脸前。无聊的等待是让人很焦躁不安的，好不容易轮到了我，一个年轻人竟然插到我面前。

"你怎么插队啊？"我忍不住指责他。

"我没有插队！"年轻人厚颜无耻地说。

"你插没插队，收费人员看得很清楚！"我期待收费人员能主持公道。

"收费人员能证明什么？你说了不算！我看你是没事找事！"年轻人面色黝黑，额头上的一块疤狰狞醒目，显然不是个安分老实的人。他的霸道无礼，震慑了收费人员，收费人员不再理会我，开始接待他。

我很清楚，如果再和他争执下去，吵架是不可避免的，甚至会造成更严重的后果。在大庭广众之下，和别人争吵，我感觉是件很丢脸的事。如果动起手来，我显然也不是这个把打架视为家常便饭的流氓的对手。再因为打架惊动了派出所，那么这个年，全家人都过不安生了。我只能把不满和火气压在心里。

哪知，这个街痞并不善罢甘休，他开始频频威胁我："我警告你啊，不要惹我！"

此时，我闻到了他的一身酒气。他的身边还带着一个七八岁的孩子。面对他的挑衅，我倒清醒过来，不想再与他计较，苦笑着摇头不语。他仍旧喋喋不休。我能想到，事后，他会向身边的孩子炫耀自己的"本事"，孩子如果再以此为荣，那将是一件多么可悲的事情！

朋友交完电话费，来到我面前。我这位朋友平时喜欢运动，他身材高大，体格健壮。看到我身边突然站了一个"大块头，"原本喋喋不休的那个街痞，好像瞬间醒了酒，噤声不语，把头低了下去。我能想到，色厉内荏的他现在最怕的事情就是，有了援兵的我对他进行反击。当这只"纸老虎"屏声静气交完网费，带着孩子灰溜溜离开时，他肯定在心中庆幸，遇到了我这样一个不愿惹是生非的人。

和几位同事到单位附近的一个景点游玩。我们乘坐的公交车已经没有空位，几个人只能在车里站着。经过一个站台的时候，我同事身边坐着的一个不到20岁的青年突然下车，去买了瓶矿泉水。待青年返回时，看到同事已经坐到他刚才空出的位置上。他冲着同事吼道："你凭什么坐我的位子？知道这里是谁的地盘吗？"我这位同事在单位里是有名的暴脾气，如果打起来，那个青年，显然不是同事的对手，况且我们人多势众。但在这种情况下，同事明智地选择了退让。不知天高地厚的青年，成为我们返回途中的谈资。只是不希望我们的谦让，会助纣为虐，成为他以后走上邪路的"帮凶"。

陪母亲到医院里看病，门诊室里乱哄哄一片，没有人排队，都争着向正襟危坐的医生身边挤。时不时，还有医生认识的"熟人"后来居上，根本就不讲一点公德和秩序。

"医生，你应该让大家排一下队！"我看照这样下去，再等一小时也轮不到我们，忍不住给医生提建议。身边的患者也都纷纷附和。

"要排队，你来给排，我不管！谁站到我面前，我就给谁看病！"医生冷冰冰地回应我。

"你怎么是这个态度啊？你是医生，让患者排队，是你们医院的职责！"

医生白了我一眼，不再理我。好不容易轮到我们时，他抬头看见是我，竟然站了起来，不愿给母亲看病。

我被彻底激怒了："你凭什么不给我母亲看病？就是因为我给你提建议吗？我现在就可以去找你们院长，问一问，我提这样的建议，有什么错误？"

听到我要去找院长，他意识到自己的做法不妥，重新坐下来，给母亲看病。态度也变得和蔼而又热情起来，显然想缓和刚才的紧张气氛。

其实上述的几起纷争主要源自服务行业部门的管理不善，社会上素质低下的人不在少数，约束这些不良行为，需要社会各行各业的齐抓共管，服务行业对于维护领域内的公共秩序负有不可推卸的责任。失职的结果，从小处说，会引起许多无谓的纠纷；从大处讲，会让本分的人们失去安全感，甚至引起社会秩序的混乱。

点 评

本文由插队问题映衬出社会管理的缺陷，插队，是生活中很常见的事情，往小了说体现了国民的道德素质水平，往大了说，反映出社会管理的问题。忍之，会减少纷争，更可能会助长这种不良风气。在这种事情面前，我们都是当事人，齐抓共管才能让社会更加和谐。

来自敌人的鼓励

作家心语：有些对手，可以当作终生的朋友。

那年秋天，我报名参加了本地的招录人民警察考试。考试共分三个阶段：笔试、面试和体能测试。由于报考人数众多，录取比例达到40∶1，竞争的激烈程度可想而知。

笔试过后，按照1∶2的比例我和另一名考生非常幸运地进入了面试。也就是说，在面试和体能测试后，我们当中仍然要淘汰掉一个。说好听点，我和他是竞争对手，说不好听点，我们就是敌人。竞争的残酷压得我们喘不过气来。面试过后，我和那名考生的成绩仍旧是难分伯仲。体能测试的成绩便显得尤为重要，很可能将决定我们这次考试的命运。

体能测试在一个学校的操场进行。由于已至秋末，空旷的操场上，风肆无忌惮地吹到我们这些身穿短裤短衫的考生的身上，感觉有如浸在冰水里，我的皮肤表面起了一层层密密麻麻的鸡皮疙瘩。测试开始后，反而一点也感觉不到寒冷了，心中好像有一团火在燃烧。由于平时不注意锻炼身体，经过折返跑、立定跳远、引体向上几个测试项目后，我已累得气喘吁吁，坐在草地上不想起来。看了一眼我的竞争对手，他的情况也好不到哪里去，同样是坐在地上气喘如牛。我在心中快速计算了一下我们前几项体能测试的成绩，分数仍旧是不相上下。

看来只能等到最后一个测试项目——1000米跑以后，才能决出胜负了。正当我感到体力透支得厉害，对1000米跑忧心忡忡的时候，我的对手突然从随身带着的背包里拿出一块巧克力来，看到我正两眼直勾勾地望着他，他犹豫了一下，笑了笑，把巧克力匀成两半："来，补充一下体力，我们一起加油！"我讪讪地说了声"谢谢！"心中充满了对他的敬重和感激。

接下来的1000米跑，我先他一步到达了终点。他上前和我握手祝贺后转身离去。我想喊住他，再次表达对他的谢意。但张了张嘴，终究什么也没说出来。望着他的背影，感觉到唇齿中还保留着一股巧克力的浓香……

点 评

　　一块巧克力，彰显心胸的宽广。遇到这样的对手，是福气，无论是赢是输，都是开心的事情。巧克力的浓香，将会永留内心深处，并会温暖以后的生活。文章无论是题目，还是构思写法，都呈现出一种悬念，直到最后那一刻，才让读者释怀地笑了。巧用悬念，会更吸引读者的眼球，让人有读的欲望。

失眠不是大事

作家心语：人思虑过多，失眠是很正常的。不要过分担心，失眠并不是要命的事情。

自去年六月份开始，由于工作量比平常陡然增加了一些，过往作为偶然事件的"失眠"开始频繁与我亲密接触。严重的时候，一连十几天每夜都只能睡三四个小时觉，头昏脑涨不说，眼睛也开始出现视物模糊的现象。人一下子变得憔悴起来，精神也有些抑郁，晚上睡不着觉简直让我痛不欲生！

我知道我的失眠症状并不是很严重，但我的心理承受力比较差。几天睡不好觉，就会影响我的精神和情绪。自己去药店买安神的药品，但服用后效果不佳。

我的失眠状况主要表现为入睡困难，间有夜醒一两个小时睡不着觉，到天亮又睡着的情况，一夜浅睡的情况并不多见。入睡困难是最令我难以忍受的，数过数和绵羊，用意念下楼梯，睡眠专家传授的各种方法用了都不管用；改听养生讲座看养生书，养生专家讲的临睡前闻洋葱、吃苹果、喝牛奶、点穴都不见效果；在网上看到晚上泡脚可以助眠，于是咬牙投资买了一款高档足浴器，天天晚上准时泡半小时脚，但一躺到床上，期待的困意仍旧姗姗来迟，以至于后来产生了对晚上睡觉恐慌的心理，而越恐慌越睡不着，如此恶性循环，让人无可奈何、日渐憔悴。

我最严重的一次失眠，躺在床上六七个小时没有睡着，过往夜间听不到的声音，一下子变得清晰可闻，家人的鼾声，路上汽车行驶的声音，让我不胜其烦，想到此时世人皆睡、唯我独醒，孤独、无助、绝望充斥着整个身心。直到第二天清晨五点钟才睡着，睡了一个小时又醒了。匆匆起床，看到镜子里的自己面色青黄、眼睛布满了血丝，且头晕头痛，生不如死的念头油然而生。甚至幻想，人要像电器一样有个开关多好，想睡觉了，直接断电，就没有了失眠之忧。

我决定要改变自己糟糕的睡眠状况，在网上自测了体质，是难得的平和体质，兼有一点气郁和阴虚。去看中医，令我意外的是，中医表示也没有好的方法，最后开的处方竟然都是菊花、桂圆、莲子之类可以称得上食品的药品，最后还给我开了几片安定。中医开出西药，的确令我意外。考虑到小城医生水平有限，我只能将信将疑把这些大包小包中西药带回家。按照医嘱，中午到家后，我服用了两片安定，但没有睡着。下午我开始喝菊花茶，煮桂圆、莲子吃。晚上喝了安神补脑液，并再次服用两片安定，效果显现出来，不到十分钟，我就睡着了。一夜睡得很香甜！第二天我早早起床，精神抖擞，认为自己终于摆脱了"失眠"这个梦魇。但我并没有高兴太久，几天后，"失眠"这个魔鬼再次卷土重来，躺在床上两三个小时才能睡着觉，如果晚上睡得太晚，那我要在下半夜才能睡着，没有办法，我只能每天晚上提前上床与失眠战斗。晚上不到九点，泡过脚的我，就躺到床上，好在多数时间，我都能在晚上十一点前就进入梦乡。如果晚上十一点还没有睡着，我就起床吃两片安定，半小时，我就能安然入睡。后来听朋友讲，安定副作用很大，我很想就此停用。但感觉自己似乎对安定有了依赖，一睡不着觉，就想服用安定。给自己诊断，失眠的原因和四肢不勤有关，平时自己情绪比较急躁，容易动怒，心火、肝火肯定比较旺，心理脆弱也是睡眠不好的一个重要因素。我因失眠偶尔服用安定全是在工作日期间，放假期间，即使偶尔入睡困难，也从未吃过安眠类药品。

对于"失眠"这个对手，我决定开始用养生加减法来对付。凡是对睡眠有利的，我就用加法，加在自己身上。凡是对睡眠有害的习惯，我全部减掉。坚持运动是肯定有助于安眠的，这个习惯，我保留下来，每天晚上坚持散步半小时，平时有时间就打打羽毛球；晚上只吃青菜，决不吃荤菜等等不一而足。后来在媒体上看到，欧美国家失眠人数占到1/3，上海等地民众有失眠问题的超过40%。而失眠也并不像想象的对身体损害那么大，因为失眠者中不乏长寿者，而且有许多失眠者都取得了卓越的成就。世界知名律师撒姆尔·安特梅尔一辈子几乎没有好好睡过一天觉，虽然每天睡眠很少，但他的健康状况却一直良好，工作成绩超过了同事，因为在别人睡觉的时候，他还是清醒的，睡不着觉他就工作。这位律师一直活到81岁，他没有为失眠而焦虑烦躁，否则他这一辈子早就被毁掉了。而且世人中有不少天生少睡眠者，有很多抱怨自己睡眠少的人，可能本身就是少睡眠者。再入睡困难时，我就进行自我安慰，在这个世界上有失眠问题的人，不止我一个人，有许许多多的人和我做伴，而且我不是最严重的失眠者，再说了失眠又不会死人，这样想着想着，就慢慢睡着了。

　　说实话，直到今天，我的睡眠状况仍旧时好时坏，睡眠不好有时是有心事或者第二天有重要的事件要做，这个情有可原；奇怪的是有时头脑中并没思考什么，也睡不着觉。而睡眠好的时段多发生在假期，到外地出差回来或是运动以后，身体酸软疲乏，洗完澡后，躺下不久就能安然入眠。睡眠好的一段时间，我就天真地以为，我摆脱了失眠，但一这样想的时候，失眠就会不请自来。到现在，即使睡几天好觉，我也不敢奢望失眠不再来。其实我早就想把自己失眠的状况写下来，但一直未敢动笔，怕的也是一提到失眠的话题，失眠就会闻声而至，再次亲近我、折磨我。我的老母亲为了我的"失眠"问题也是忧心忡忡，每天晚上我上床后，她都会蹑手蹑脚走路，小心地关门窗，天一亮我一起床就来询问我昨晚睡得怎么样，并且四处为我寻求治疗失眠的偏方。母亲也会劝慰我："失眠不是大事。"正心烦意乱的我脱口而出道："您没失眠过，您不知道失眠的滋味和痛苦。"一旁的父亲笑了："你母亲从30岁起就有失眠的症状，你睡眠不好的那几天，她整夜整夜睡不着觉，昨天晚上，她一夜未睡呢！"我惊讶地盯着母亲沟壑纵横的脸："真的吗？我怎么从来没听您说起过？"母亲不在意地说："你没有经历过苦难，睡不着觉就把你折腾得心神不宁的，我们这一代人经历了太多太多辛酸困苦的日子，与那些苦日子相比，睡不着觉根本就算不上什么事啊……"

我怔在了那里，是啊，如果把失眠当成大事，它就会影响你的精神和生活，而如果你忽略它，它就只是影响了你的睡眠，而不会影响你的生活。当然我更期待优秀的中医们都能走上电视台，来到基层，针对不同的失眠症状进行讲解、对症下药，让广大的失眠者尽快摆脱失眠的痛苦。而现今每一个仍在被失眠困扰的人，一定要在每天都抽出时间来坚持运动，因为运动可以增强体质和活力，逐步提高人的睡眠质量。拥有了充足的睡眠，就可以怀着期待的心情，精神饱满地迎接新的一天，去尽情品味生活的甜美，感受活着的幸福！

★ **点 评**

失眠不是大事，可是作者却耗费了好多的精力和时间与之博弈，当被折磨得筋疲力尽之时，被母亲的一句话点醒。生活中，我们很容易拿着放大镜看困难，从而忽略了生活的美好。生活中的写作素材，总是无处不在，考生如果能善用这些日常小事诠释出道理来，就能让自己的文章更有分量。

坚强女孩带着病母走进大学门

作家心语：保持乐观向上的心态，阳光就会照在你的身上。

一棵幼苗如果过早经历风霜雨雪的打击，那么几乎可以断定它的命运注定要早夭。有这样一个女孩，在母亲身患重病，父亲离家出走的情况下，她没有为自己的命运而哭泣，自怨自艾，而是勇敢地站出来，用自己稚嫩瘦弱的肩膀，为这个家徒四壁、灾难深重的家庭撑起了一片天。

她刚出生时，为这个普通的农家增添了更多的欢声笑语。母亲是一个勤快的人，每天天不亮就起床干活儿，一直干到晚上，母亲的辛勤劳动，虽然没有带来富裕的生活，但也使得这个家庭吃穿不愁，生活其乐融融。在这样温馨的环境中，她幸福、健康地成长起来。天有不测风云，在她刚刚步入学龄期的那一年，长期劳作的母亲累倒了。送到医院后，经过医生的诊断，她的母亲不幸患上了顽固性疾病——突发类风湿性关节炎。面对这种顽疾，母亲以泪洗面，父亲愁容满面，她忍不住放声大哭，孩子的无助哭声令周围的邻居洒下了同情的泪水。这个刚刚有了些希望的家庭，一下子陷入了难以自拔的泥潭之中。

病魔将她的母亲打倒在床上，一个正当年的中年女人只能眼睁睁地看着亲人们在自己的身边忙碌，不能站起来帮助他们，而只能接受亲人们的照顾，生活不能自理让她感觉自己成为了这个家庭的负担，一个废物。而她不允许妈妈这么想，她相信妈妈一定会好起来的。从此这个苦难的家庭踏上了求医之路，但由于突发类风湿性关节炎是一种公认的顽疾，虽然她的母亲接受了各种各样的治疗，吃遍了各种各样的难以下咽的药物，但收效甚微。所有刚刚燃起的一点希望，又迅速变为失望，甚至是绝望。本来，她的家庭就不富裕，母亲的疾病加快了家庭的败落，为了给母亲治病，该借的不该借的钱都借到了，家中很快债台高筑，压得一家人都喘不过气来，往日温馨的环境已然成为过眼云烟，代替的是唉声叹气和绵绵无尽的悲伤……祸不单行，在这个家庭面临倾巢的危急时刻，本应该用自己的力量挑起家庭大梁的父亲，却没有勇敢地担当起一个丈夫和父亲的责任，在生活的压力面前，他当了逃兵，狠心抛妻弃女，离家出走，从此杳无音信。

没有人相信，这个接二连三遭受无情打击的家庭还会有继续下去的希望。人们开始担忧这个心灰意冷、身患重病的女人谁来照顾，更担心那个苦命的孩子从此会对人生彻底绝望！抱头痛哭只能加重命运的悲苦，擦干眼泪才能看清前进的道路，怀着对母亲的深爱之情，她决定让自己迅速长大，为母亲驱散心头的阴霾，为自己撑起一片明亮的天空。那一年，她只有八岁大。

八岁大的女孩当起了家，成为了家中名副其实的"顶梁柱"。没有家中的灶台高，她却敢尝试做饭。她找来凳子，踩在上边，学着妈妈以前做饭时的样子，开始做饭炒菜。需要拉风箱、添柴时，她再从凳子上下来，火旺起来时，她赶紧再爬上凳子，做一次饭，她需要在凳子上下来回折腾好几次。目睹忙忙碌碌的女儿干着只有成人才应该做的家务活，她的母亲痛恨自己的身体不争气，让女儿小小年纪就尝尽了人间的疾苦。

身在农村，每家每户都靠种地吃饭，维持生存。而地里的活儿都是苦力活儿，那是只有"大劳力"才吃得消的。而她不甘示弱，也学着别人种了两亩地，种下的玉米和花生对她而言不仅仅是种子，更是对美好明天的期望。

到了秋季庄稼成熟的季节，女孩独自一人到地里收花生。镢头她根本就拿不动，没有办法，她只能用手一棵棵地去拔，不一会儿，她就感到腰酸背痛，手心火辣辣地疼，但想到卧病在床的母亲，她咬牙继续拔下去，拔完花生后，她再次用手把拔时漏掉的花生一一抠出来。由于年幼无力，她只能干一会儿，歇一会儿，直到傍晚，她才把花生收完。此时，天气骤变，下起了倾盆大雨，她只能用推车拉着花生向家赶，由于地面湿滑，她数次连人带车滑倒在路边，她只能一次次站起来扶起车子继续向前冲………走到村口时，她一眼看到了一个熟悉的身影，她的妈妈强撑着病体，拄着拐杖在等她，女孩再也控制不住自己的情绪，她和母亲抱在一起，号啕大哭，哭声中包含着委屈和对不幸命运的无奈。

虽然命运多舛，她却从来没有向命运屈服。从小学到中学，一路走来，她功课优秀，年年是班里的第一名。更令人佩服的是，在上学期间，她自己从来没有买过一本课本，所用的课本，都是从高她一年级的学长那里借来的。

宝剑锋从磨砺出，初中毕业后的她以全班第一名的优异成绩提前被一所重点中学录取，手捧着录取通知书，这个坚强的女孩泪流满面。由于要到离家数十里的城里读书，她也和母亲发生了有生以来的第一次争执。母亲不愿意再拖累自己学业优秀的孩子，有心想到自己的娘家，和女孩的姥姥生活在一起；而她不愿意母亲离开自己，她希望带着母亲，一边照顾母亲，一边继续求学，因为在她的心目中，母亲就是她人生奋斗的所有动力。在女儿的软磨硬泡下，母亲终究拗不过一向倔强的她，和女儿一起来到了城里。女孩在学校附近租了一间不到10平米的小民房，母女俩住了下来。这样，她也就能一边照顾母亲，一边去读书了。

一个中学生，想靠自己的能力养活母亲和自己是异常艰难的。读高中的三年，是她记忆中最不堪回首的时期。由于家中的土地转给了别人，家中唯一的经济来源就是每月180元的低保金和家中老房子1000多元的年租金。由于要给母亲治病，还要吃饭，这点微薄的收入于她而言就是杯水车薪。最困顿的时期，她们一个月的生活费只有可怜的50元，万不得已，女孩只得放弃面子和尊严，到菜市场捡拾别人丢掉的黄菜叶，回家择净后，当菜吃。临近高考时，学业异常紧张，每天天不亮，她就早早起床，为母亲做好早餐，并侍候母亲穿衣、吃饭。等母亲吃完饭后，她将家中收拾干净再匆匆忙忙去上学。每天晚上，放学后，不管多困多累，她都强打精神，为母亲按摩身体，等母亲睡下后，她再拿起课本，读书学习到深夜。

梅花香自苦寒来，女孩高考取得了令人瞩目的好成绩，这一分数，远远高出了一些重点大学的录取线。但考虑到外地的生活消费水平和房租高这一现实，她打消了到外地读书的念头，她把目光投向了本地一所师范学院。女大十八变，和所有爱美的女孩一样，她平生第一次花"巨资"打扮了一下自己，分别买了两件短袖衫和裤子，一共花费了50多元。

为了给母亲看病，支付房租和生活的费用，女孩参加了学校提供的勤工俭学活动，她利用每天中午和放晚学的时间打扫教室卫生，利用节假日到社会上发放广告宣传单，赚取一点收入，以便补贴家用。

令学校老师大感意外的是，这个经常参加学校活动，看起来阳光乐观的女孩，竟然背负着如此沉重的生活压力，而坚强的她竟然从来没有主动把自己的困难告诉过老师，求得校方的帮助。她坚强乐观的生活态度深深打动感染了周围的师生。品学兼优的她被推举为班里的生活委员。

十多年来，这个90后女孩带着母亲辗转求学的经历不仅感动了她的乡邻，也感动了大学里的师生，更感动了许多群众。她先后被授予国家、省、市道德模范荣誉称号。面对荣誉，女孩保持着与年龄不相称的成熟与冷静，她说："女儿照顾妈妈是理所当然的，妈妈受了那么多苦。我应该回报她！"她期待自己尽快完成学业，来回报社会和那些帮助过自己的好心人。同时期望通过自己的努力，尽快治好妈妈的病，让她和妈妈都能过上幸福快乐的生活。

点 评

　　福无双至，祸不单行，这句话正应了女孩的遭遇。困难面前，她挺直了身躯，让我们看到了她前方的灯光。越是坚强的生命，越经得起生活的风霜，我们相信她和她的母亲以后的生活会越来越美好。这类故事，作者没有把笔触放在描写生活的苦难上，而是着重写出女孩的坚强、乐观，这让我们品味到一种积极向上的力量。

后　记

在我很小的时候，身为小学语文教师的母亲，特别喜欢给我讲故事。再加上姐姐也爱好文学，在浓厚的文学氛围中耳濡目染多了，文学的种子便悄悄地在幼小的心里生根发芽。少年时代的大量阅读，为我之后的创作奠定了良好的文学和语言基础。厚积才能薄发，正是前期有意无意的积累，我才能在现在很少有机会看书的情况下，笔耕不辍，作品源源不断。

在这部新书里，我有意选取了一些动物类题材的作品。多数人都喜欢动物，我自小就很喜欢看电视节目《动物世界》，野生动物成长的过程，让人能充分领略生命的壮美！我热爱大自然，每逢周末，只要不是下雨，我会去郊外爬山，亲近大自然中的一草一木。在春天，我经常带着女儿去挖荠菜和蒲公英，野菜的鲜美是家常蔬菜不能比的。在与大自然亲密接触的过程中，那些动物、植物就潜移默化地进入了脑海里，成为了创作的源泉。近年来，随着环境恶化、全球变暖，北极冰川融化，造成浮冰减少，给北极熊的生存带来极大困难。我在电视上看到过这样令人悲伤的画面：北极熊因为找不到浮冰休息，在深邃的大海里游啊游，如果找不到浮冰，它最后只能力竭而死……这样的场面，应该令全人类感到脸红。如果北极熊游出了人类的视线，那人就是杀死北极熊的凶手。我希望大家一起携起手来，从小事做起，保护我们赖以生存的环境！因为我们只有"地球"这一个家园。

毫无疑问，许多优秀的文学作品对我的创作产生了深远的影响。在对待作家和作品上，我这个人不是很"专一"。在中学时代很痴迷马克·吐温的作品,幽默是生活中的调味剂，他作品中的黑色幽默风格让人笑过之后又想哭。司汤达的《红与黑》文笔轻松华丽，同样让人着迷，而主题的沉重和主人公悲哀的结局，又让人能深刻体会到作品的厚重与分量。国内当代作家，我很喜欢阿成的作品，尤其喜欢他的短篇小说，他在文字中擅长用"减法"创作，在《长亭短亭》中，寥寥几笔，人物和场景就跃然纸上，这样的文字功夫，显然是长期积累、厚积薄发的结果。正是受到这些优秀作家和经典作品的影响，我也形成了自己的创作风格，文字力求简洁、质朴，叙述上平中见奇，不哗众取宠、不自作聪明，用自己纯净的心与读者交流。儿童文学作品中，我最喜欢的应该是法国作家凡尔纳的《格兰特船长的儿女》,他的一些科学幻想小说里的情节，像激光武器、潜水艇等，到今天已经成为现实。这些带有科学性的幻想小说，读起来不可思议，但感觉很真实。目前国内一些儿童文学作者看到《哈利·波特》在国内大热后，一味模仿，东施效颦，动辄"魔法"，恰恰证明了想象力的匮乏，让人感觉啼笑皆非！而一些有社会责任感的儿童文学作者还是创作了不少有分量的作品，像刘东的《轰然作响的回忆》，文字清新自然，深入中学生的精神和情感世界，是一部难得一见的佳作。而张晓玲的短篇小说《白鞋子》，我也很喜欢，文笔细腻传神，是真正的文学作品。我希望同学们能放开眼界，利用业余时间，选择性地多读一些好书，终生与书为伴，好书可以滋养心灵、陶冶情操，甚至可以影响人的一生！

在创作这部书的过程中，得到了清心、纪海龙、邢淑兰、杜从敏、曹香勋、郭克秀、张卫荣等文友、老师的热心鼓励与无私帮助，在此一并表示感谢。

当然，我也期望同学们有机会能读一读我近年上市的几本书，这些作品，会告诉你们，挫折和迷惘是人生的必修课，伤痛不可怕，青春的伤，痛过之后会长出翅膀。

图书在版编目（CIP）数据

青春的伤，痛过之后会长出翅膀／清山著；清心点
评. —哈尔滨：哈尔滨出版社，2016.1
（高考语文热点作家作品精选）
ISBN 978-7-5484-2286-0

Ⅰ．①青… Ⅱ．①清…②清… Ⅲ．①阅读课—高中
—课外读物 Ⅳ．①G634.333

中国版本图书馆CIP数据核字（2015）第230110号

书　　名：**青春的伤，痛过之后会长出翅膀**

作　　者：清 山 著 清 心 点评
责任编辑：杨浥新　韩金华
责任审校：李　战
装帧设计：上尚装帧设计

出版发行：哈尔滨出版社（Harbin Publishing House）
社　　址：哈尔滨市松北区世坤路738号9号楼　　邮编：150028
经　　销：全国新华书店
印　　刷：哈尔滨市石桥印务有限公司
网　　址：www.hrbcbs.com　　www.mifengniao.com
E-mail：hrbcbs@yeah.net
编辑版权热线：（0451）87900271　87900272
邮购热线：4006900345（0451）87900345　　或登录蜜蜂鸟网站购买
销售热线：（0451）87900201　87900202　87900203

开　　本：787mm×1092mm　　　1/16　　印张：16　　字数：215千字
版　　次：2016年1月第1版
印　　次：2016年1月第1次印刷
书　　号：ISBN 978-7-5484-2286-0
定　　价：28.00元

凡购本社图书发现印装错误，请与本社印制部联系调换。　服务热线：（0451）87900278
本社法律顾问：黑龙江佳鹏律师事务所

相关阅读推荐

中考语文热点作家作品精选

高考语文热点作家作品精选